杜利明 吴小诺——著

零基础玩转
小红书

天津出版传媒集团
天津科学技术出版社

图书在版编目（CIP）数据

零基础玩转小红书 / 杜利明，吴小诺著. -- 天津 ：天津科学技术出版社，2023.1

ISBN 978-7-5742-0606-9

Ⅰ. ①零… Ⅱ. ①杜… ②吴… Ⅲ. ①网络营销 Ⅳ. ①F713.365.2

中国版本图书馆CIP数据核字(2022)第195719号

零基础玩转小红书

LINGJICHU WANZHUAN XIAOHONGSHU

责任编辑：方　艳

出　　版：天津出版传媒集团
天津科学技术出版社

地　　址：天津市西康路35号

邮　　编：300051

电　　话：（022）23332695

网　　址：www.tjkjcbs.com.cn

发　　行：新华书店经销

印　　刷：北京兴湘印务有限公司

开本 880×1230　　1/32　　印张 7　　字数 140 000

2023年1月第1版第1次印刷

定价：42.00元

PREFACE 序言

在互联网飞速发展这个大背景下，各种社交平台、电商平台不断兴起、更替，小红书作为这股浪潮中的一员，成了一个比较独特的存在：它既是一个社区分享平台，也是一个电商平台。在小红书上，你既可以分享生活，也可以愉快地购物。

或许，正是因为小红书具备这种独特性，它才能迅速走红，成为佼佼者之一。

其实，小红书最初的产品形态是2013年在网站上发布的一份PDF文件《小红书出境购物攻略》，不久就获得了用户的大量下载，小红书就是从这里开始扬帆起航的。

到2019年，小红书的用户超过了3亿，月活跃用户超过了1亿，这样的数据足以说明小红书的成功。

如今，越来越多的人开始下载、注册、使用小红书，沉浸在小红书的分享乐趣中：有的人分享生活，想成为知名博主；有的人看到了商机，想实现商业变现。但无论出于什么想法，要想玩转小红书，就要先得到更多人的认可，即拥有众多粉丝，然后才是实现商业价值。

本书会详细讲述以下7个步骤，助你轻松开启“小红人”之路。

第一步：开设账号。虽然这很简单，但对于账号的设置是非常重要的。比如，取一个极具吸引力的昵称，上传一个人见人爱的头像，写一段令人印象深刻的简介，等等。这些都影响着账号的展现和用户的关注度。

第二步：找准方向，精准定位。如果你玩小红书不是仅限于分享自己的生活，而是想火一把，那么，你必须明确自己运营什么内容最合适，以及内容的受众是谁。找到属于你的用户，你才有可能火起来。

第三步：写出爆款内容。在明确了账号的定位后，写出爆款内容就成了第一要务，这也是每一个小红书运营者的目标。一篇优质的笔记能够带来巨大的流量，而优质的笔记离不开好的选题和有创意的文案。

第四步：制作图片。图片是小红书笔记中非常重要的一部分，美观的图片会让用户一眼就锁定你的笔记。一张好看的图片涉及拍摄、构图、后期处理等一系列操作。

第五步：制作视频。在短视频时代，小红书的笔记视频有着与图文不一样的优势，尤其是分享好物的笔记，可以更直观地展示产品。

第六步：做好运营。小红书的运营包含很多方面，要想做好运营，运营者就要具备宏观思维，并且要善于观察、分析，不断优化方向。了解小红书的推荐机制、合适的笔记发布时间，做好排名优化，以及与用户进行良性互动等，可以让账号迅速获得流量。

第七步：实现变现。运营小红书账号，最终的目的是实现变现。为此，首先要了解小红书的流量变现、商业广告收益、内容付费、直播带货等不同的变现途径，然后选择最适合自己的方式，实现账号的商业价值。

理论指导实践，实践出真知。本书提供了玩转小红书的精进攻略，希望能够对大家有所帮助。未来，小红书这座虚拟“城市”会怎样发展，我们一同期待！

CONTENTS 目录

第三章　明确定位，找到自己的精准用户

第四章　写出爆款文案，用一句话吸引人

第一章　小红书，为什么能红起来

小红书是当下非常热门的信息分享平台，深受年轻女性的青睐。它以“标记我的生活”为口号，致力于“让全世界的好生活触手可及”。每一位用户都可以在小红书上发布有关美食、旅游、学习、美妆、健身等的日常生活笔记，也可以在这里愉快地购物。本章将带你深入了解小红书平台是如何红起来的。

小红书是怎样一个平台

对于第一次接触小红书的用户来说，可能很难定位它究竟是怎样一个平台。因为页面中既有社交分享入口，也有专门的购物入口。用户可以在这里展示、分享自己的生活，也可以在这里购买自己喜欢的商品。

那么，小红书是怎样一步步发展起来的呢？下面我们从两位创始人——爱旅行的毛文超和爱海外购物的瞿芳说起。

旅游和购物是年轻人都钟爱的事情，互联网的发达让人们有了获取更多信息的渠道。然而，毛文超和瞿芳发现，网上的旅游攻略和购物信息五花八门，想要甄别、收集有用的信息是一件非常困难的事情。

于是，两人萌发了一个想法：打造一个内容社区，做一个信息分享平台。

小红书就这样诞生了。

2013年，一份PDF文件《小红书出境购物攻略》在网站上被用户大量下载，这就是小红书最初的产品形态。

之后不到一年的时间，小红书推出了海外购物分享社区，无数人在社区分享自己真实的购物经历，这让用户之间有了交流购物心得的机会。凭借着这些高质量的内容，小红书不仅吸引了越来越多的用户，还有不少品牌商家开始寻求合作。

在火爆的电商时代，小红书同样也看到了网络购物的红利，于是在2014年上线了自营电商平台“福利社”，如图1-1所示。小红书的属性从此成了“社交+电商”的模式。

图1-1

随着用户需求的不断增加，小红书的信息分享由单一的海外购物拓展到美食、旅游、学习、彩妆、健身、母婴等生活内容。这进一步丰富了社区的话题，实现了用户新一轮的爆发式增长。

如今，小红书已经成为热门的社区电商平台，除了拥有分享社区、自营“福利社”这样的业务板块，还发展了线下零售店以及品牌号业务。未来小红书还会增加哪些业务？会以怎样的形式发展下去？让我们拭目以待。

分享笔记

- 小红书的模式其实并不复杂，主要以用户生成内容为主，即发布“种草”笔记，吸引用户发生购买行为。
- 严格的筛选和审查增强了用户对小红书的信任和依赖，这也是笔记发布者应该注意的方面。

为什么小红书深受年轻女性的青睐

打开小红书，你会发现里面是一个充满时尚与活力的世界，到底是怎样一个群体成就了这一番景象呢？小红书的官方数据显示，小红书的男女用户比例为1：9，主要是一、二线城市的“90后”女性。

为什么年轻女性会成为小红书的主要用户呢？主要原因有以下两点。

1. 众多明星、“大V”共同“种草”

在小红书上，有许多明星分享他们在美妆、着装搭配等方面的心得。众所周知，明星的号召力是巨大的，爱美的女性朋友很难对其有抵抗力。当女性朋友想购物时，她们就会打开小红书搜索，在看了明星的“种草”图文或视频后，对产品就有了更多的了解和信任，从而愿意下单购买。

可见，明星、“大V”在小红书上的高质量的内容分享，对年轻女性有着极大的吸引力，这成为她们喜爱小红书的原因之一。

慕溪是一位设计师，她日均要花费一个小时在小红书上。她可不是为了找设计素材和灵感，而是学习美妆和穿搭。

慕溪作为一个一线城市的白领女性，追求时尚、美丽是其日常生活中必不可少的一项内容。在同事眼中，她就是走在时尚前沿的领路人。

其实，慕溪的不少时尚攻略都来自小红书。

原来，有一次，慕溪在地铁上偶然听见旁边的两个年轻小姐姐提到小红书，说里面有很多明星分享的美妆、穿搭攻略。于是，她好奇地下载了软件，打开后就被里面的内容和精致的产品吸引了，从此一发不可收拾，每天都要浏览小红书里的内容。

她起初是看别人的分享，随后开始忍不住对中意的产品下单，最后开始分享自己的心得。慕溪就这样沉浸在分享与被分享中，在小红书社区有了越来越多的粉丝。

2. 内容符合女性需求

虽然小红书起初只是一个海外购物分享社区，但很快它就拓展了众多受女性青睐的板块，比如美妆、护肤、保健、美食、健身等。小红书的社区话题、产品似乎都带有非常明显的女性化倾向。

除了内容丰富外，小红书向来也很重视社区内容的质量。社区分享的东西都是时下非常热门的，而且是通过严格审核的。用户可以省去在其他电商平台挑选或是找代购的时间，安心下单就好。

小红书还善于抓住女性用户的心理，让她们上瘾。比如在分享产品的时候，精美的图片展示、吸引人的文案能激发女性的购买欲望；用户在收到快递的时候，会惊喜地看到印在盒子上的文字——今天的心情，三分天注定，七分靠shopping。

正是这些“面子”上的好看，“里子”上的有料，以及每天变着法地带给用户新鲜感，让年轻女性沉浸其中。她们有的成了粉丝，有的成了购物达人，有的成了博主，有的成了看客。不管怎样，小红书已经成为越来越多女性朋友关注时尚、品牌、潮流的新窗口，成为她们分享生活的重要平台。

分享笔记

- 女性一直被认为是潮流的引导者，她们的消费潜力巨大，抓住了女性用户的需求，就抓住了发展的机遇。
- 女性朋友之间相互“种草”所形成的巨大流量，吸引品牌广告商纷纷入驻。

小红书平台的优势是什么

在小红书诞生的初期，可能大多数人都不会想到它日后会成为一个成功的电商平台。毕竟当时的几个电商巨头已经瓜分了市场，以社区起家的小红书想要从中分得一杯羹，并不是一件容易的事情。然而，它做到了。

那么，小红书平台的优势是什么呢？主要有以下几点。

1. 年轻人群产生强大的社交力

前面我们已经讲过了，小红书的用户主要是一、二线城市的年轻女性，尤其是“90后”“95后”。根据千瓜数据的统计，18~34岁这一年龄段的小红书用户占了八成多，毫不夸张地说，小红书就是一个属于年轻人的社交购物平台。

年轻人有着更加开放、包容的思想，他们追求更加真实、美好、多元化的生活方式，他们的消费欲望强烈，喜欢尝试新鲜事物，热爱分享生活中的心得。这种强大的社交氛围和活力，让小红书的用户变得极为活跃。

拥有一个活跃、消费能力强的年轻群体，为小红书的产品实现有效变现提供了保障。

2. 场景式分享刺激消费决策

小红书的社区属性很强，在整个社区中，每一位用户都可以分享自己生活的点滴，比如购物心得、学习体会、穿搭展示、美妆技巧等。他们还可以进行互动，关注喜欢的博主，分享喜欢的帖子。

在这里，无论是用户与用户，还是品牌与用户，甚至是品牌与品牌之间，都能实现即时交流。这样的互动，极大地增加了彼此间的黏性，也增强了用户对产品的信任。

与一些传统电商平台不同，小红书的实时分享式的内容驱动模式和场景构建模式能够很好地吸引注重真实效用的消费者。比如，明星发布自己的带货图文或视频，会直接影响用户的消费决策，即是否下单购买。

可见，场景式的内容分享，让用户获得了更加真实的体验感，用户在这种感受的刺激下就会触发消费行为。

3. 吸引用户的高质量内容

小红书上美好、真实的内容感染着每一位用户，形成了一个诚实共享的社区。对于社区的内容生产，小红书坚持精细化、高质量的要求。

一是在内容的来源上，小红书采用了UGC（用户原创内容）、

PGC（专业生产内容）、PUGC（专业用户生产内容）相结合的方式，以保证平台内容的质量。

二是在内容的处理上，小红书进行了细致的分类，将所有的"种草"内容分成不同的类别，并贴上不同的标签，然后推送给对其感兴趣的用户。小红书使用的是推荐算法，即根据用户的搜索历史和爱好来定义主页，针对用户的喜好推荐其感兴趣的内容。

三是对发布的内容进行严格审查。对于带有违规信息的内容，如辱骂、过激言论等都是不允许的；品牌或商家发布广告，也要严格遵守《中华人民共和国广告法》的规定，不允许出现"最佳""第一"等极限词。

通过这些措施，小红书基本保证了内容的真实性，并且推荐给用户的内容也是其感兴趣的。这提升了用户的好感度和信任度。

分享笔记

- 用内容直击用户的痛点，有助于吸引用户，影响其消费行为。

无边界化带来更多的可能性

小红书是“社区+电商”的模式，它既有像知乎、豆瓣、微博这些社区的功能，也有像天猫、京东这些传统电商的功能，到底哪一个属性更多一点儿呢？这恐怕很难有准确的定论。或许，这根本就无须去下定论。

小红书是从社区开始做起的，如今的“种草社区”就像一座没有边界的城市，不断地壮大。在这座城市里，小红书也在继续挖掘更大的商业潜力，未来的小红书会发展成什么样子有着无限可能。发展是没有边界的，不设边界才有更广阔的空间。

从“全世界的好生活”到“标记我的生活”，小红书口号的改变，也表明了它并不仅仅是一个电商平台，更是一个广大的分享社区，平台提供的除了商品外，还有生活方式。

1. 由信息分享到商品售卖

小红书一开始只是一个购物信息分享平台，在用户不断增加的情况下，用户购物的需求不断提升，这才推动了小红书电商业务的布局。

于是，小红书运作团队根据社区里优质的用户笔记和口碑来选定商品，第一次就获得了巨大的成功，在2小时内就卖出了当天上架的90%的商品。这种社区笔记加商城联动的模式，形成了小红书特有的“种草→分享→购买”的购物模式。

不过，想要让商业化顺利进行，就必须顾及社区用户的体验，否则3亿用户就会拂袖而去。为什么没有明确边界的小红书商业化会这么成功呢？

首先，小红书发现了丰富的自我表达方式，用户在这里接触、看到了更多元的世界。其次，用户在这里找到了和自己趣味相投的人，以及适合自己的商品和服务，从而获得了归属感。

这些牢牢地抓住了用户的心理和需求，让用户热衷于分享、讨论社区话题，热衷于“种草”，更热衷于在这里购物。

2. 不断完善的未来生态

小红书的用户主要是年轻女性，男性占比仅有10%左右。小红书会一直满足于做一个女性用户的平台吗？显然官方并没有为此设限，拥有更多的用户是每一个平台的追求，小红书自然也想在未来获得更多的用户。

当女性用户饱和之后，能否吸引更多男性用户的关注，是小红书总体用户能否增加的关键。如何才能让男性用户关注小红书呢？这就需要在内容上进行创新和改变。当下的内容更多的是符合女性需求的话题，未来可以增加体育赛事、游戏等符合男性需求的话题，提升男性用户的活跃度。如果男女用户的比例能达到均衡，那么社区将会更加多元和丰富。

商业化是小红书必走的一条路，同时小红书未来的内容生态也会越来越丰富。小红书这座没有边界的虚拟“城市”还在继续生长，要想成为一座“超级大城市”，还需要经历更多次的进化和创新。

分享笔记

- 小红书运营团队借鉴了英特尔的OKR工作法（即目标与关键成果法），下放决策权，让员工制定能令其兴奋的工作目标，鼓励创新。这种不设限的团队文化也促进了小红书的快速发展。

丰富的内容赋能，让小红书迸发出强大的生命力

小红书作为拥有3亿用户的社区电商，与淘宝、京东等传统电商相比有一个很大的不同：传统电商更多的是花钱做广告推广，小红书则是依靠内容的赋能。

在小红书的社区中，每天都有大量的笔记产生，这些信息有文字、图片，也有视频，都是关于产品测试、购物心得之类的分享，丰富的内容赋能让小红书迸发出更多的活力，吸引着更多的用户。

针对年轻人这一群体，小红书为他们提供了一个平台，让这些喜爱分享的人在一起交流，构筑起了独特的内容城堡。

那么，小红书的内容有着怎样的魅力，从而使其能够迸发出这样强大的生命力呢？

1. 用户真实分享，信任度高

在营销推广中，口碑是获得客户的重要因素。不管多么吸引人的广告词，用户都会觉得这是在推销。但如果一个产品的质量是从用户的口中说出来，通过口碑的方式，用图文或视频笔记展

示出来的，那么这样的说服力无疑是强大的。如图1-2所示，室内装饰灯的使用分享，获得了大量的点赞和收藏。

图1-2

小红书的笔记分享，都是基于用户真实的实践感受，因此，小红书的社区内容分享能带给用户极高的信任感。

2. 内容的黏性强

小红书采用推荐算法，根据用户的浏览习惯推送相应的内容，所以用户看到的基本都是自己感兴趣的话题。比如，女性在美妆、护肤等方面是非常乐于和他人分享的，小红书可以精准地把握用户的这种核心需求，用内容黏住用户。

3. 互动性强，传播快

玩小红书的用户更多的是为了分享生活，这让社区的话题足够丰富。用户们非常热衷于发表自己的购物体验、使用心得。这些分享都是发自内心的，而不是为了宣传某一个产品去特意写笔记，分享是他们的一种生活态度。这与小红书提倡的“生产有帮助的内容”“打造分享社区”是有很大关系的。

另外，小红书的笔记就像是用户之间在聊天一样，能很快拉近彼此间的距离，产生共鸣。一个好产品被分享，那么笔记下面就会产生一大堆的评论，从而快速传播开来。

丰富、健康的内容生态对小红书来说是非常有意义的。将夹带着商品信息的内容传递给用户，用户购买产品后进行分享，这样的循环让小红书积累了大量的用户数据信息。商家在进驻小红书平台后，可以精准地掌握用户的需求，实现更好的销售业绩。

分享笔记

- 小红书的内容赋能，在一定程度上能帮助小红书商家解决卖货困扰，降低运营成本，提高转化率。
- 借助内容社区的分享和互动，商家可以大大提升产品推广的效率。

小红书的业务合作方式

小红书刚刚创立时只是一个海外购物分享社区，当用户量不断增长时，它关注到了自己的无限商业潜能，便抓住机遇，及时开展了电商业务，吸引了越来越多的商家、品牌入驻。

那么，小红书有哪些业务合作方式呢？

1. 开设企业号

企业号以前叫品牌号，品牌号之前叫品牌账号，三者其实是一个东西，现在统称为“企业号”。

什么是企业号呢？小红书的官方解释是：企业号部门围绕“企业号”这一核心产品，整合公司从社区营销一直到交易闭环的资源，更好地连接消费者和品牌，帮助品牌在小红书完成一站式闭环营销，提供全链条服务。

这段话可能不太容易理解，但从“整合资源”“连接消费者和品牌”“闭环营销”等关键词，我们不难理解小红书开设企业号的目的：一是整合资源，让小红书的生态更加完善；二是帮助品牌实现交易转化。

对于企业和商家来说，开设企业号可以更好地推广品牌，提升品牌的知名度，实现产品的引流。具体表现在以下两个方面。

（1）更好地实现推广。企业号发布的笔记内容可以进行产品推广，而一般的账号带有产品广告往往是违规的。而且官方还给企业号提供了营销模板，对营销是非常有利的。

（2）更好地进行引流。企业号可以在简介里展示联系方式和地址，便于进行引流。

开设企业号的操作并不难。在注册完小红书账号后，找到"设置→账号与安全"，点击"官方认证→企业认证"，如图1–3所示，填写相关的资料。

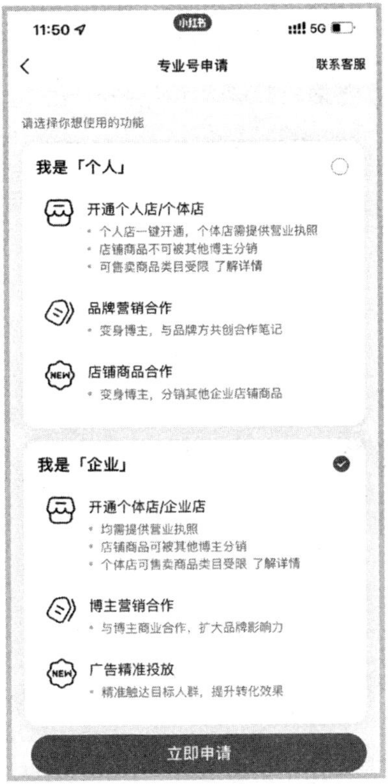

图1–3

一般平台会在3个工作日内完成审核。审核完成后，再提交相应的认证资质，5个工作日完成资质审核。如果认证资质没有问题，那么接下来用手机扫码完成支付即可。

需要注意的是，开设企业号需要支付600元费用，这个费用不管是否通过审核都必须支付。所以，一定要严格按照平台的要求填写资料，以免造成不必要的损失。

2. 广告投放

广告投放对于任何平台来说都是一项重要的业务，拥有3亿用户的小红书自然也支持企业品牌方在平台申请广告投放，这是一项双赢的合作。企业和商家在小红书平台投放广告，获得的益处是巨大的：一是在小红书的大数据算法下，可以进行精准投放，效果比较显著；二是能大大提升转化率。

不过，想要在小红书投放广告是需要进行资质申请的，具体流程如图1-4所示。

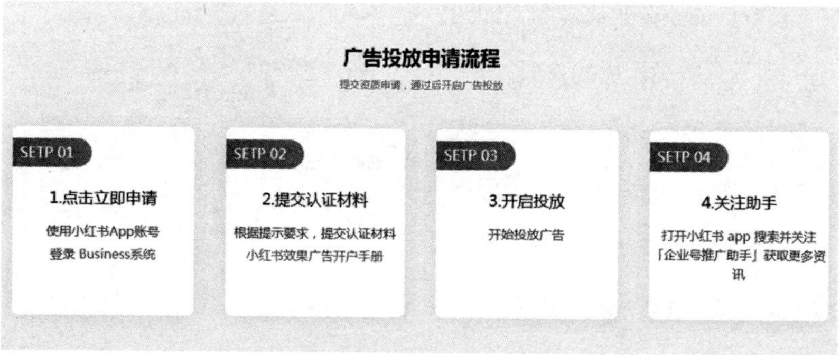

图1-4

按照步骤填写、上传相关的资料即可完成申请。审核通过后就可以开始投放广告了。

3. 品牌合作人

2019年，小红书上线了品牌合作人平台，开始与各大品牌方进行合作，邀请他们在小红书社区发布有关品牌产品的笔记内容。这种合作机制是多赢的：对于小红书平台来说，增加了流量；对于品牌方来说，可以花更少的钱扩展产品的宣传和销售渠道，吸引消费者；对于用户来说，有了品牌的入驻，他们可以更加放心地消费。

申请品牌合作人需要用户粉丝达到5000人，在“设置”页面找到“功能申请”，点击下面的“品牌合作”，申请开通即可。

4. 商家入驻

如果你是企业或商家，入驻小红书平台是一个很好的选择，在这里你可以获得更多的用户，增加产品销售的渠道。不过，小红书对商家的入驻条件是很严苛的，优质的商家更受平台青睐，这意味着要能为用户带去更好的产品和服务。

进行入驻申请，可以打开小红书的官网，点击“业务合作”下面的“商家入驻”，弹出如图1-5所示的页面，通过4个入驻环节即可完成。

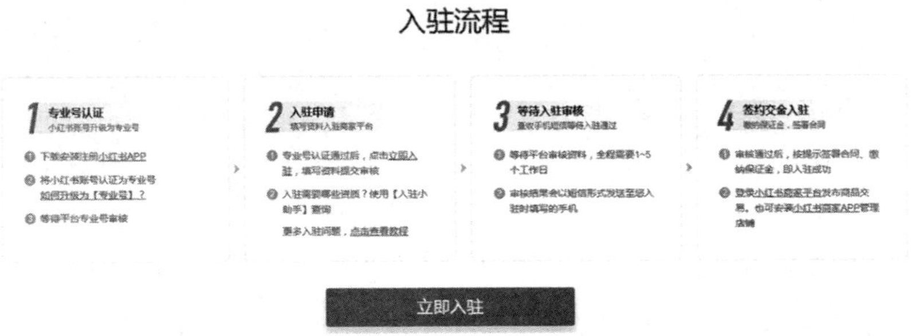

图1–5

如果对入驻条件和要求不熟悉，还可以先通过如图1–6所示的“入驻小助手”对店铺的类型、经营的类目等进行查询，看是否符合申请要求，以确保在申请时填入的资料有效。

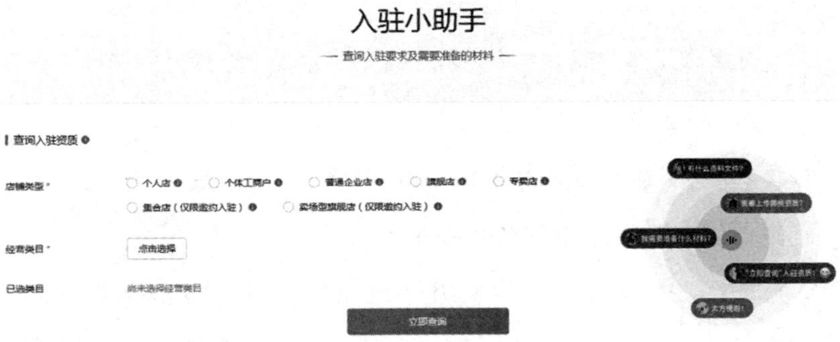

图1–6

当下，小红书平台对商家入驻的申请越来越严格，如果有申请失败的记录，再次申请时会变得更加困难，审核费用也会增加。因此，企业或商家在申请的时候要做好充足的准备。

分享笔记

- 企业或商家在入驻小红书时必须准备好公司资质、品牌资质、品类资质和财务资质。如果能快速填写入驻信息，一次性通过审核，一般一周内就可以完成。

全球好物的跨境电商平台

当下年轻人对生活品质的要求越来越高，一些境外的商品逐渐受到广大年轻人的喜爱，且随着物流行业的快速发展，国际商品成了普通人的消费品，海外购物成为一种潮流。

但与此同时也产生了一系列的问题。互联网的发达让境外购物变得便利了许多，但真正能让消费者买到境外好物的平台比较少，而且消费者很容易买到次品。而小红书作为境外购物分享的社区，一开始就积累了大量优质的境外商品信息，在这方面拥有着天然的优势。

小红书从最初的产品形态——一份PDF文件到电商业务开启的过程可以说是顺势而为。2013年，小红书正式在苹果手机应用商店上线，主打海外购物UGC分享。上线后，大量用户在上面分享自己的海外购物心得，这些真实的购物信息就这样被广泛地传播开来。

有了这些优质的购物分享内容，小红书积累了大量的种子用户，换句话说，小红书社区在没有开展电商之前，就已经积累了潜在的消费者。

在没有做任何推广的前提下，2014年，小红书第一次迎来了用户的爆发式增长。随后，小红书在内容上不再局限于海外购物分享，有关旅行、美食等方面内容的分享也越来越多。

面对这么多用户该怎么办呢？

正好赶上电商的黄金时代，小红书怎么能错过这样的机会，虽然创业初期的小红书从没想过要做电商，但小红书的社区内容却十分契合消费者的需求。于是，2014年，小红书在没有供应链，也没有电商经验的前提下，做起了跨境电商业务。

这个时候，其他购物平台也非常火爆，小红书的电商业务获得了一定的市场份额，但小红书没有完全一头扎进电商领域，而是两头并进，继续做好社区分享。

只做“真实”用户的购物策略分享理念，并没有影响用户在小红书社区分享的积极性和热度，反而吸引了越来越多的忠实用户和品牌合作商加入。

对于海外购物，消费者最关注的是质量，能否买到真货对一个平台来说是非常重要的。为了更好地解决这个问题，小红书采取自营和保税仓结合的模式，在把控商品品质的同时，满足了用户更高的需求。

这一系列的操作，让小红书实现了“社区+电商”模式，找到了商业化变现的通路，成为一个优质的全球好物购物平台。

分享笔记

- UGC：是User Generated Content的缩写，指用户生成内容，即用户原创内容。包括终端用户生产和共享的任何内容，如社交媒体和在线平台上的文本、音频、图像和视频等。

小红书的不断进化之路

有句话说得好，叫“有所为，有所不为”。小红书在初期的发展方向上，就做出了正确的选择，创始人一致认为小红书发展初期需要的是内容和品牌的聚焦，用户必须是真实的消费用户。所以，这一阶段的小红书拒绝代购加入，而是专心做购物类的内容分享。

做出这样的选择是艰难的，因为代购的加入可以带来漂亮的业绩报表，这有助于小红书获得更多的融资。但现在看来，小红书的选择是正确的。注重真实用户的购物分享，并没有影响小红书的融资。

就这样，注重内容质量和优质流量让小红书的“社区+电商”模式火了，在短短的3年内就拥有了10亿美元的估值。此后，小红书一步一个台阶，不断深化发展。

1. 构建多元化社区，进军电商

在迅速发展的同时，小红书把社区内容的多元化作为发展方向，并引入自己独有的算法推荐机制。

从此，小红书不再只是单纯的海外购物分享社区，内容逐渐覆盖旅行、美食、母婴等各类生活方式分享，不少明星也纷纷入驻，好物分享和年轻人的购物喜好在小红书平台得到充分展现。

随后，小红书开始投放广告，并邀请众多明星入驻，开启了自营与平台相结合的电商模式。如图1-7展示了小红书自营的“福利社”以及众多合作的“宝藏好店”。

图1-7

这一系列的操作，让小红书在2018年的估值超过了30亿美元。

从小红书这一路的发展来看，可以得到一个很好的启示：核心业务是一个平台最重要的部分，任何时候都不能偏离，在核心业务还没有建立起来之前，一定要专注深耕主业，不要轻易更不要急于拓展业务，否则“护城河”很容易被摧毁。

2. 坚持社区化的电商发展道路

当小红书在电商领域取得不错的成绩后，大家都认为小红书应该强化自己的电商属性。要不要彻底电商化，这个问题也是摆在小红书面前的一个艰难抉择。面对诱惑，小红书依旧没有完全倾向电商而放弃社区。

在小红书看来，电商虽然是很重要的变现方式，但如果脱离了社区，小红书的电商是很难独立生存的。小红书本身就是以社区兴起的，大量的用户都活跃在社区里，一旦失去了社区，这些用户将纷纷离去。

因此，在商业化这条路上，小红书始终坚持社区与电商并驾齐驱，这是它区别于其他纯电商平台的核心优势，而且它兼具渠道交易、品牌营销两个核心价值。

各大品牌商非常认可小红书的品牌传播与营销价值，他们都希望能够在小红书平台得到更多的推广，并获得更多用户的真实信息。

因此，品牌营销和传播价值是小红书在电商业务之外的另一条向新形态进化的通路。未来随着全新商业生态战略的变化，小红书必将继续整合内部数据，上线更多品牌赋能工具，打通社区与电商资源，让更多的品牌在小红书平台实现用户触达与转化。

分享笔记

- 如果把小红书社区比作一座“城”，那么电商就是“市场”，没有了“城”，“市场”自然也不复存在。

第二章 开设账号，走上“小红人”之路

想要玩转小红书，第一步就是下载与注册小红书，虽然这很简单，但接下来的步骤对账号的展现和获取用户的关注非常重要。比如，取一个极具吸引力的昵称，上传一个人见人爱的头像，写一段令人印象深刻的简介，等等。本章将教你如何搞定这些最基本的设置，开启你的“小红薯”之旅。

玩转小红书第一步：下载与注册

打开手机的“应用商店”，在里面搜索“小红书”，找到App下载即可。下载后，打开小红书App界面，必须先完成注册，否则是进不了首页的。具体操作如下。

步骤一：点开小红书App，进入登录界面，如图2-1所示，界面显示“欢迎来到小红书　一起标记生活”。

步骤二：界面上有手机登录窗口，也有微信登录窗口，点开“其他登录方式”，还可以通过QQ号、微博账号登录。这里以选择手机登录为例，输入手机号码，点击“获取验证码”，如图2-2所示，等待短信，然后输入验证码即可完成注册。

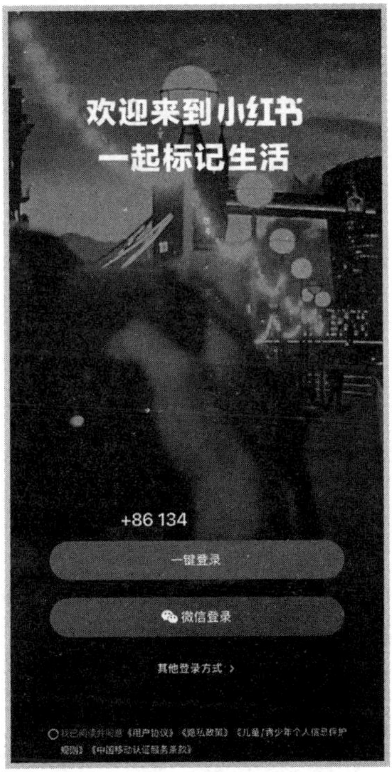

图2-1

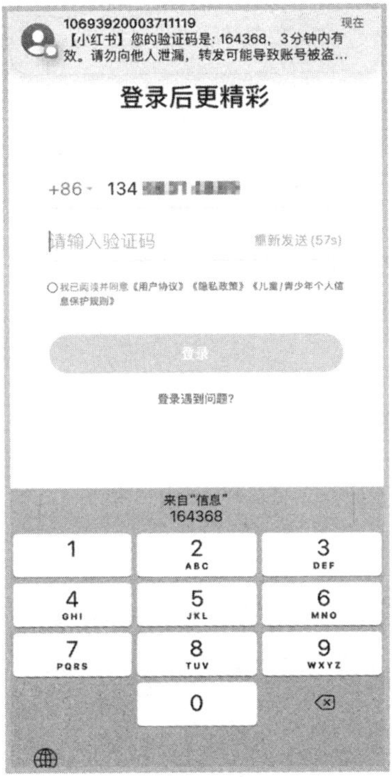

图2-2

分享笔记

- 注册账号时，如果出现无法登录的情况，可以点击“登录遇到问题？”查询解决的办法。
- 用微信、QQ号进行注册的小红书账号，小红书会提示是否需要绑定手机号。可见，小红书更希望注册的用户有比较真实的信息。

小红书的页面介绍

当进入小红书页面的时候，如图2-3所示，默认展示的是“推荐”界面，上下滑动页面即可查看笔记内容。底部的任务栏有“首页”“视频”“+”“消息”“我”5个板块。下面，具体介绍一下各个板块。

图2-3

1. 首页

“首页”中的内容主要是社区笔记，所有用户发布的笔记都会在这里显示。“关注”页面展示的是所关注用户发布的笔记内容，“推荐”页面展示的是平台推荐的笔记内容，“购物”是小红书的电商界面，展示了各种各样的商品，用户可以在这里种草，如图2-4所示。

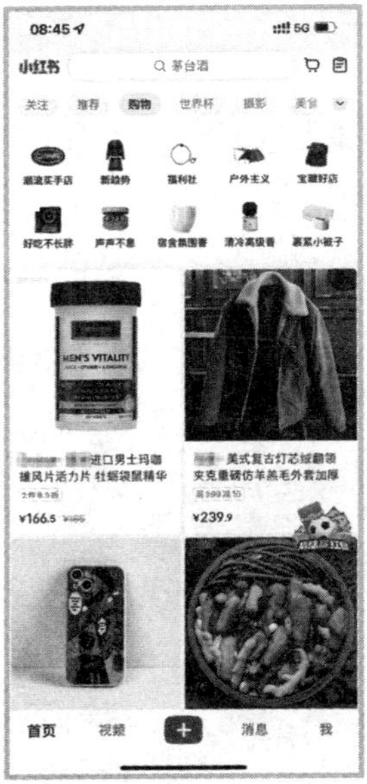

图2-4

通过这些页面，便可以查看关注的人所发布的笔记，可以进行购物，还可以查看不同内容类型的笔记。通过上面的搜索框，还可以更精准地找到想浏览的内容。

2. 视频

任何App的界面都在不断更新，小红书也不例外。“视频”界面的出现，如图2-5所示，让以图文笔记为主的小红书，也逐渐尝试打造视频笔记内容，未来小红书的图文笔记和视频笔记必然会越来越分明，用户可以在小红书上快乐地分享视频，也可以浏览各类内容的视频。

图2-5

3. 消息

“消息”板块展示的是运营者发布笔记后得到的用户反馈，包括“赞和收藏”“新增关注”“评论和@”，如图2-6所示。分别点开图标可以查看具体的内容。

图2-6

4. 我

“我”页面上展示了用户的各种信息，包括头像、昵称、简介，以及发布、收藏和赞过的笔记等，如图2-7所示。在这个页面，可以进行账号的自我管理，还可以编辑资料，进行一系列的设置，具体操作将在后面进行详细讲述。

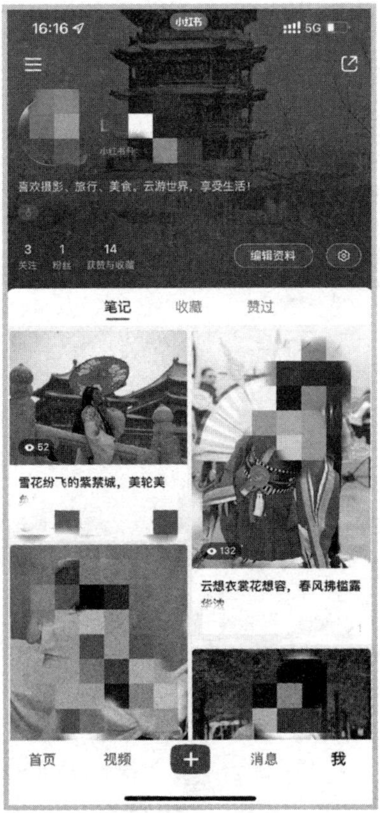

图2-7

分享笔记

- 小红书页面底部的红色“+”号，是快速发布笔记的入口，点击进入相册，选择好图片后点击“下一步”，对图片进行处理，然后配上文字发布即可。

昵称是用户认识你的第一信息

一个好的昵称可以让用户在第一时间记住你。取昵称最重要的就是让用户知道你是谁，你是做什么的，这样才能快速向用户传递信息，获得用户的关注。

那么，一个爆款昵称应该怎么取呢？或者说在取昵称时应该注意些什么呢？

1．定位要清晰

一个好的昵称应该与账号发布的内容相匹配，也就是说看昵称就能知道账号运营的内容，这样才能快速、精准地获得相关用户的关注。

以昵称“慕溪”为例，单独取这两个字很难让用户获知你的信息，而结合运营的内容来取名会好很多。比如，想做理财方面的博主可以叫“爱理财的慕溪”，想做分享英语干货的博主可以叫“慕溪老师教英语”，想做旅行方面的博主可以叫“慕溪去旅行”，等等。

这种带有运营内容的昵称，别人一看就知道你是做什么的。如图2-8所示，“××的美食日记m”这个昵称就很清晰地表达了“日常美食分享”主题。

图2-8

因此，一个爆款昵称应该包括两个部分：一个是文字简洁，一个是包含内容细分领域。二者结合的昵称更有吸引力。

2. 简单且好记

容易让人记住的昵称才是好昵称。一些用户为了突出自己的个性，喜欢用一些生僻字或英文，这都是不恰当的。一般来说，除非你运营的是时尚、艺术类或是与英文有关的内容，运营其他内容不建议用英文昵称，否则会大大增加用户了解你的难度。

所以，任何个性或独特的昵称都要以简洁为前提，让用户容易记住才更重要。如图2-9所示的“穿搭薯”，“薯”是指“小红薯”，即小红书用户的昵称，这个简洁明了的昵称既传达了为所有用户分享穿搭的信息，又非常好记。

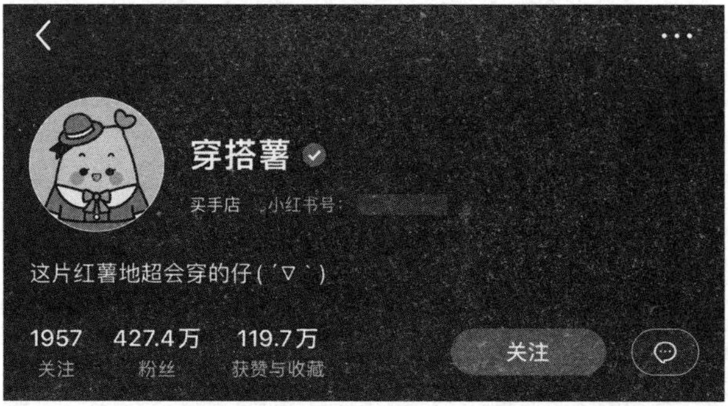

图2-9

在取昵称的时候，我们只要记住“名字+内容细分领域”这个方法，做到定位清晰、简单好记，你的昵称就不会差。

分享笔记

- 更改昵称前要考虑清楚再操作。一般小红书的昵称只能一个月更改一次，字符限制在2～24个，一个汉字算两个字符。
- 一旦确定好昵称后，中途不要轻易更改，否则很容易影响个人品牌的势能。

好看的头像价值百万

如果说文字可以直抵他人的内心，那么头像则可以令人“一见钟情”。在这个讲究美的时代，一个好看的头像有可能真的价值百万，它能直观呈现博主的形象，甚至能让用户点开你的头像。

那么，什么样的头像才更吸引用户呢？

1. 真人出镜

如果你对自己的长相比较自信，真人出镜效果是最好的，这样最能拉近你与用户间的距离，而且有很高的可信度。如图2-10所示的“美妆小艾”就设置了真人头像，精致的脸蛋配合修长的手，看上去就很美，这也为账号内容做了无声的宣传。

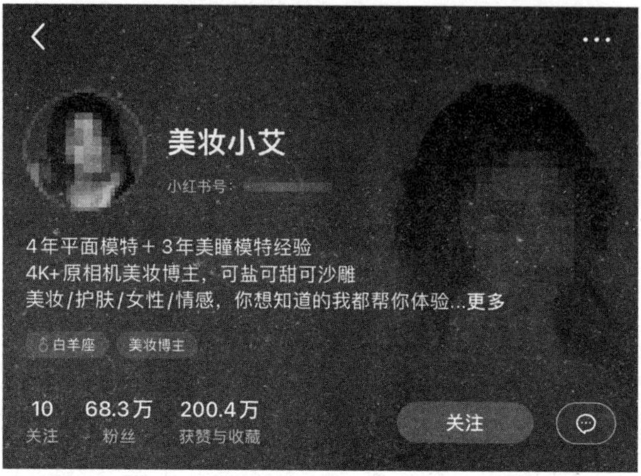

图2-10

当然，这里的长相并不一定是高颜值。一个普通人也可以展示出自己的独特气质，比如搞笑、夸张等表情，一样可以吸引人。

2. 符合定位

一个头像仅仅好看是不够的，还必须能体现内容。也就是说，选择的头像要尽可能与你运营账号的内容有关联，最好能让用户一看就知道你是做什么的。

比如，一个有关摄影的账号，怎样才能更突出运营的内容呢？我们知道，摄影的题材有很多，包括人像、风光、人文、建筑等。不少人会用自己拍的一张得意的作品来做头像，这样的头像就不容易突出运营的内容，因为再好看的图片也很难直接突出摄影这个主题。而用真人出镜，带上摄影的元素（手拿相机），定位就很清晰了。

如图2-11所示的“宋大大摄影”账号展示了一位俏皮可爱的妹子（博主）单手拿相机，呈现了“妹摄”主题，这样的头像既有颜值，又有内容，很好地突出了账号内容。

图2-11

3. 漫画、实物或标志

真实又好看的人物头像图片效果好，但并不是所有的账号都需要用真实的人物头像。如果你不想用自己的照片，或是想更好地表达内容，也可以用其他图片，比如用漫画、实物或标志做头像，一样会很有吸引力。

如图2-12所示的“××手工1317”是一个以折纸为内容的账号，用好看的折纸作为头像，非常简单明了地突出了主题，看着精致的折纸，用户就会产生学一学的好奇心，从而加以关注。

图2-12

又如，图2-13所示的“××美食记”是一个美食账号，它没有用真实的人物头像，而是用一个可爱的小女孩手握巨大的勺子，坐在一块蛋糕旁边的漫画做头像，虽然没有真实的美食照片带来的那种视觉感，却包含了“人”这一要素，传达出了制作美食的主题。

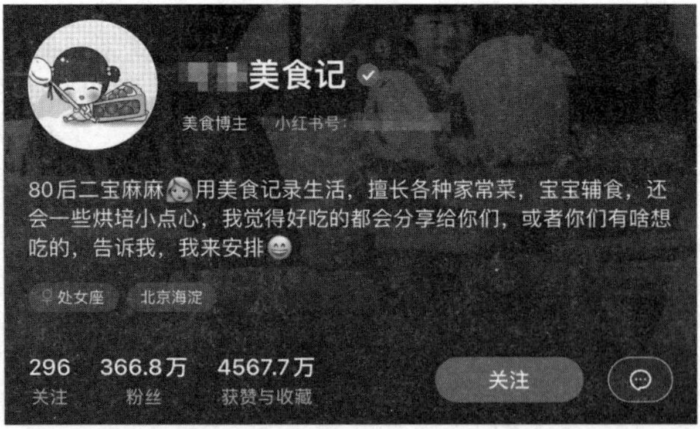

图2-13

通过对以上案例的分析，我们可以得出，一个好的头像一定是“好看+定位精准”，无论你运营的是哪方面的内容，都要遵循这个原则。兼顾这两者的头像，一定能让你获得更多的关注。

分享笔记

- 头像是个人形象的展示，一个好的头像应该是“好看+定位精准”，把握这两个要素，你的头像就会令人印象深刻。

用精练的简介展示你的个性

头像和昵称的展示是有限的，要想清晰地表达更多的信息，就要在简介上下功夫。简介，就是简单地介绍自己。所谓简单，就是简约而不简单，简介的提炼也是需要技巧的。

那么，什么样的简介才能让人印象深刻呢？

1. 看起来很专业

简介可以很好地体现你的专业和特长，而一个专业、权威的简介更能获得用户的信任。简介的字数虽然比昵称要多，但也很有限。要想在短短的几行文字中将人设展示给用户，我们可以采用领域定位，以及有说服力的数据来提炼简介。

如图2-14所示的账号，作为一名高学历的护肤博主，其在简介里用了清华大学协和医学院博士、某某书的编者、去美国进行过学术访问等内容。这些都非常有权威性和说服力，突显了博主的专业性。用户对博主发布的内容自然会更加信赖。

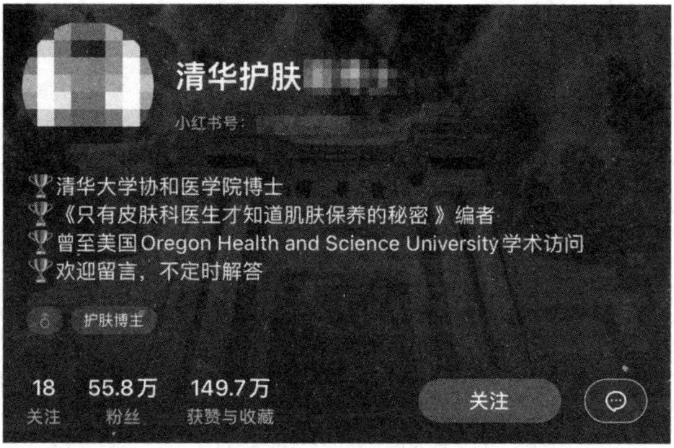

图2-14

又如图2-15所示的账号，博主在简介里介绍了自己的学历，以及一些工作阅历。这些高校和工作单位都是一流的，非常具有吸引力。博主分享的留学内容对于想留学的学子们来说，无疑具有很强的说服力。

图2-15

2. 彰显自己的独特

如果没有足够有分量的头衔，那就彰显你的独特吧。用高级文案展现你的特别，让用户产生共情，同样可以达到吸引用户的目的。

如图2-16所示的账号，博主是一位辞职后勇敢去旅行的博主，她在简介中用一小段文案“如果一直选择别人定义　又有什么意义呢　不如去山川湖海　去做自己”定义了账号的内容，她做了多少人想做又没有勇气做的事情。这样的文案很容易让用户产生共情。

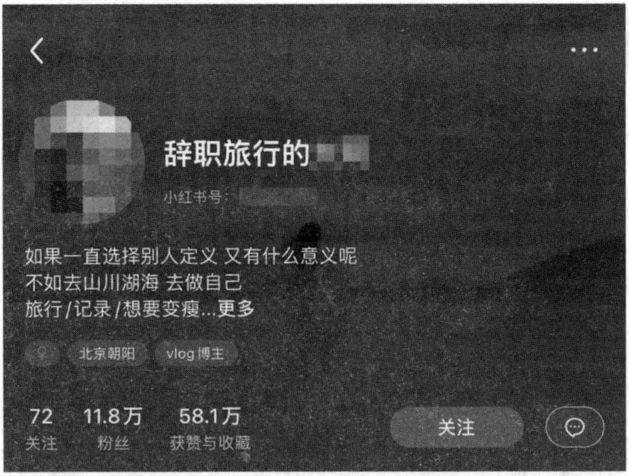

图2-16

再来看如图2-17所示的“××说电影”这个账号，博主的个人简介非常简洁，一句话“我是知识嗷嗷丰富，嗓音贼啦炫酷的刘老师”，这样俏皮的自夸文案，不仅不让人反感，反而让人联想到刘老师说电影应该很有意思。用这一句描述自己说电影的风格和独特，让用户产生新奇感。这样的简介也是很吸引人的。

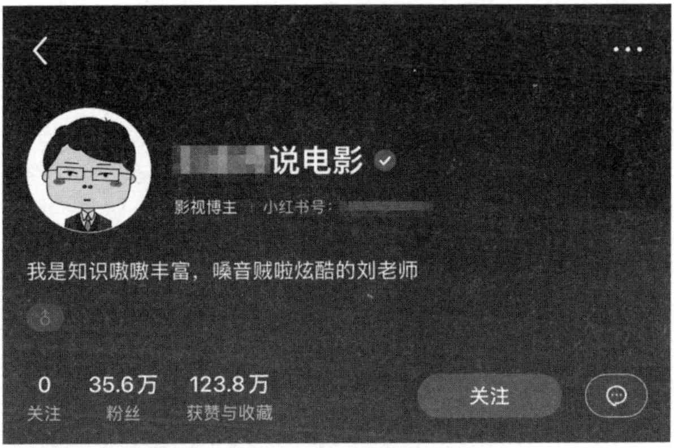

图2-17

想要让自己的账号更有吸引力，一个吸引人的简介功不可没，遵循以上两个原则来提炼你的个人简介，一定会让你的魅力大放光彩。

分享笔记

- 用文案突出自己的特别之处，通常比较适合拥有特殊经历或是有一定影响力的博主。如果你有超棒的经历或超强的成就，则可以展示你的专业、权威和厉害之处，把用户征服。
- 个人简介可以展示信息，也可以只展示你的思想。通常，以专业性、学识性内容为主的账号可以展示信息，而以娱乐为主的账号则可以展示你独特的思想。

第三章　明确定位，找到自己的精准用户

俗话说，“选择比努力重要”，方向对了，努力才有意义。如果你玩小红书不是仅限于分享自己的生活，而是想火一把，那么，你应该在玩之前找准方向。这就涉及定位的问题，你必须明确自己最适合运营的内容是什么，内容的受众是谁。找到属于你的用户，你才有可能火起来。本章将阐述如何做好自己的小红书账号定位。

小红书是如何一步步定位的

作为一个社区电商平台，小红书一直在不断探索自己未来的发展方向，而自身的定位同样发生着变化，所以才有了小红书口号的几次变化：2014年，小红书的口号是“找到国外的好东西”；2015年，小红书的口号变成了“全世界的好东西”；2016年，小红书的口号变成了“全世界的好生活”；后来，小红书的口号定格在“标记我的生活”。

为什么小红书的口号会不断变化呢？接下来，我们详细分析一下小红书每个阶段的定位。

1. “找到国外的好东西”

2014年，小红书上线了“福利社”，电商业务开始快速发展。“福利社”是小红书的官方自营店，主要做的是海外购物。这个时期正值我国跨境旅游飞速发展的阶段，出国留学的人很多，许多国外的好货被分享，国人开始了跨境消费。

小红书抓住这一趋势，上线“福利社”作为跨境消费的平台，把更多国外的好东西分享给国人。因此，寻找更多国外的好物进行分享，就成了这个阶段小红书的口号。

2. “全世界的好东西”

2015年，小红书的海外购物发展更加迅速，分别在郑州和深圳建立了自营保税仓。这意味着更多“全世界的好东西”进入了国内，并将被分享给每一位用户。有了保税仓，不仅实现了更加便捷的物流服务，而且可以保障用户买到的海外产品是正品。

3. “全世界的好生活”

2016年，小红书的口号是“让全世界的好生活触手可及”。这一年小红书拓展了第三方平台和品牌商家，实现了全品类的SKU（全称是Stock Keeping Unit，即库存进出计量的单位，可以是以件、盒、托盘等为单位）快速成长。2017年，小红书Delivery国际物流系统正式上线，随后又在武汉建立了全球科技总部，小红书走向世界的脚步不断加快。

4. “标记我的生活”

2019年，小红书又把口号改成了“标记我的生活”。这一年的小红书经历了短暂的黑暗时期——因为内容涉嫌违规而整改。不过，这并没有影响小红书的继续红火，此时的小红书用户已经突破3亿，月活跃用户突破1亿。

小红书想要继续拥有更多的用户，就必须拉近与用户之间的关系。“标记我的生活”让用户觉得更加亲切，增强了用户黏性。

从这几次小红书口号的变化来看，其实主要还是围绕两个方面转：一是“好东西”，即购物，小红书的电商属性；二是“生活”，即小红书的社交属性。无论口号怎么变，小红书都希望能够给用户带去好的产品、好的生活分享。

当下的小红书，已经离最初那个“让全世界的好生活触手可及”的梦想越来越近了。未来，小红书会朝着更加真实、美好和多元化的方向发展，从而带给用户更好的体验感。

分享笔记

- SKU一般是大型连锁超市DC（配送中心）进行物流管理的一个必要方法。当下已经引申为产品统一编号的简称，每种产品均对应有唯一的SKU号。对电商而言，SKU是指一款商品，每款商品都有一个SKU，便于电商品牌识别商品。

明确定位很重要

所谓定位，就是账号运营的方向，哪个方向受众更多，更容易引发用户关注，值得我们认真思考。有了明确的账号定位，才有创作的方向和持续的内容输出，才能在众多的账号中脱颖而出。

关于账号的定位，可以从以下三个方面来进行。

1. 展示账号的特色

一个有特色的账号，一定是专注于某一领域的内容，并把这一领域的内容做到极致。所以，想要做出账号的特色，第一件事就是确定方向，即定位。比如，你在考研路上历经艰辛，越挫越勇，最后终于上岸。那么，你的账号可以定位为一位亲历考研过程的干货分享者。

如图3-1所示的“××学姐”账号，从博主的座右铭“我不怕头破血流，一无所有；我只怕心有不甘，抱憾终身”可以看出她考研之路的艰辛。博主将自己的经历和考研的方法、技巧相结合，这样的定位就比较能突出她账号内容的特色。

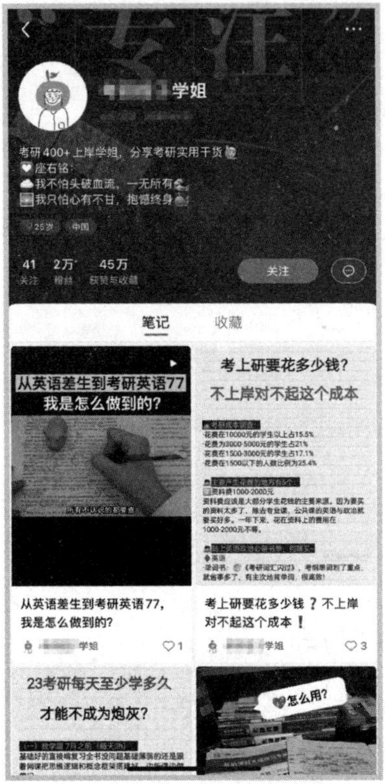

图3-1

2. 塑造个人的形象

一个形象好的人总能时刻吸引他人的目光，一个形象感强烈的账号同样可以加深用户的记忆。定位，就好比是给账号贴一个标签，让人一看就知道你是做什么的。所以，定位意味着你向用户展示了一个怎样的形象。

如图3-2所示，“××爸爸”无论是从账号名称，还是从头像上看，一眼就让用户知道了账号是做什么的——一个爸爸为孩子做美食。在用户看来，账号定位清晰，形象感非常强烈，有孩子的用户就会成为潜在粉丝。

图3-2

3. 深耕内容，做领域内的专家

如果一个账号没有定位，各种内容大杂烩，即便有几篇笔记火了，也很难持续稳定地吸引用户，毕竟每个用户的需求是不一样的。因此，要想运营好账号，就要做好明确的定位，限定运营内容的范围，然后深耕细作，持续输出该领域的知识，做领域内的专家。

如图3-3所示，“××玩花卉”是一个和用户分享种植花卉的账号。博主是《中国花卉报》曾经的资深记者、认证园艺师，再加上他有养花经历，所以他在小红书的花卉领域所做的内容可谓数一数二的。这样深耕的内容能让粉丝持续地关注，可持续性非常强。

图3-3

分享笔记

- 小红书的推送机制是分类型的，任何推送都是建立在分类的基础上的，精准的定位可以有效提高内容的曝光度。
- 好的定位本身就是创作的灵感，要想保持内容的持续性就必须深耕细作，不断挖掘内容的深度。

关注热门选题，确定内容方向

在定位之前，我们必须研究小红书的用户群体，不同的用户群体有不同的喜好。小红书上的主体用户群是年轻人，那什么内容最受他们喜爱？找到最热门的内容，就意味着找到了庞大的潜在用户。只要内容运营得好，账号火起来的概率就会很大。

下面介绍一些当下比较热门的选题方向。

1. 女性类的话题

年轻女性是小红书的主要用户，她们在生活中扮演着众多角色，她们的需求能力和消费能力巨大。能够获得年轻女性青睐的选题，都可以作为不错的内容方向。

◇化妆、护肤

对于年轻女性来说，化妆和护肤是两个永不过时的话题。在化妆方面，可以做一些彩妆单品的推荐、试用以及使用教程等。如图3-4所示的是一个专业化妆师的账号，博主发布的笔记包含了护肤的流程、各类化妆品的评测等多项内容。

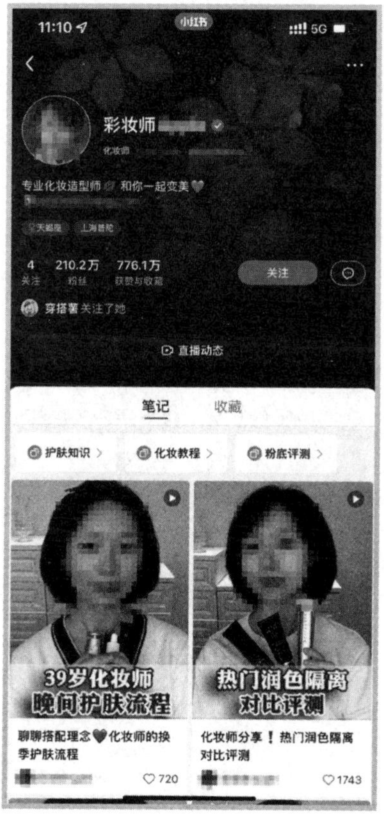

图3-4

化妆可以掩盖皮肤的瑕疵，护肤则可以在一定程度上消除瑕疵。专业的护肤账号受众也是很广泛的，不仅包括年轻女性，也包括年长的女性，甚至包括男性。如图3-5所示的账号主要是以推荐实惠又好用的护肤品为运营内容。

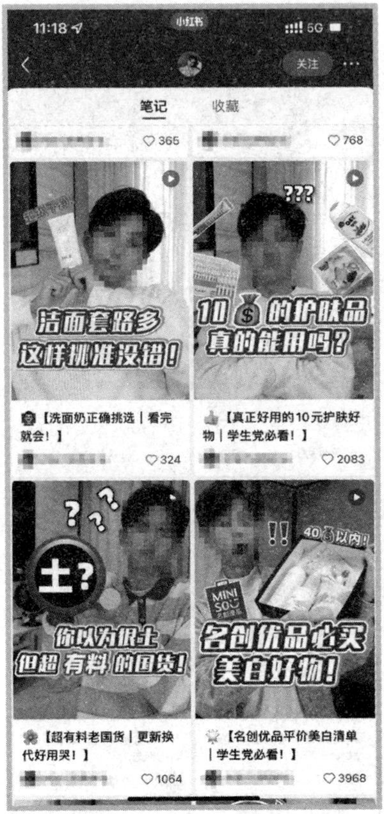

图3-5

彩妆类的选题方向，由于涉及化妆产品，只要你能把账号做起来，就很容易实现变现。各大品牌厂商都很需要流量，无论是广告合作，还是产品销售，都需要流量的加持。

◇减肥、塑形

在这个以瘦为美的时代，减肥是女性口中永恒的话题，每一位女性都希望拥有苗条有形的身材，减肥、塑形成了当下非常热门的话题。在这方面的选题定位可以是减肥食谱、瑜伽塑形、运动燃脂等。如图3-6所示的两个账号，一个侧重于运动减肥塑形，一个主要分享减肥食谱。

图3-6

到底如何来选择呢？做你擅长的就好。如果你擅长做美食，那就分享你的减肥食谱；如果你喜欢运动，那就分享运动塑形。不过，无论你选择哪一个方向，最终都要用效果说话，否则就没有任何说服力。

◇穿搭

有句话叫“三分靠长相，七分靠打扮”，虽然这话有些夸大，但懂得打扮和穿搭的确能让人的气质提升很多。尤其对爱美的年轻女性来说，穿搭是日常比较烦恼的一个问题。如果有一个账号专门分享穿搭技巧，那持续受关注的概率是很大的。

穿搭分享可以加入一些个性化标签，比如“身高矮、身材胖也可以穿出美丽”，这样更有吸引力。另外，穿搭要紧跟当下潮流，善于借助节日、季节制造话题。

2. 生活分享

在日常生活中，有许多有趣的事情值得分享，这方面的选题类别较多，并且有很好的受众基础。

◇旅游

随着生活质量的提高以及出行越来越便捷，出行旅游的人越来越多，“打卡”成了一个火热的网络词语，由此衍生出了很多旅游话题。话题主要分为两类：一类是旅行记录，一类是旅游攻略。当然还可以继续细分下去，吃喝玩乐任何一个方向都可以深挖。

◇宠物搞笑、呆萌分享

养宠物在一、二线城市已经相当普及，宠物就像家庭中的一员。无论是爱养宠物的人还是不养宠物的人，萌宠的搞笑瞬间都能给人带来快乐。如图3-7所示的账号，博主根据狗狗的表情配上相应的段子，让人看了不禁开怀大笑。

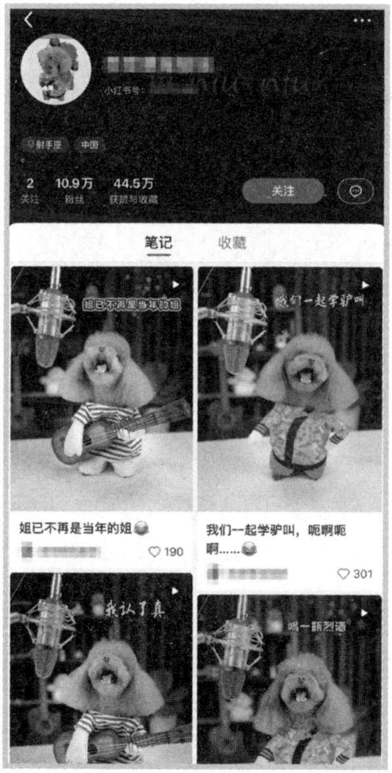

图3-7

◇萌娃日常

晒娃是许多女性朋友日常生活分享中的一项重要内容，孩子的天真、搞笑、嬉闹总能给人带来快乐。萌娃话题可以分为父母记录孩子的日常以及“网红”萌娃的视频整理。

◇家居装潢

年轻人都期待拥有一个充满个性而温馨的家，新房装修、室内设计、家居的选择等内容深受想买房或有房人群的喜爱。需要注意的是，这方面的内容专业度比较高，从事相关行业或拥有相关知识才能做出更好的内容，也更有持续性。

3. 技能与学习

知识科普、技能提升等方面有刚性需求的受众也是比较广泛的。

◇美食制作

美食制作是比较日常的内容，也是很火的一个选题方向，包含的种类较多，如烹饪、烘焙、甜点、辅食、早餐、小吃等。细分的领域繁多，创作素材丰富，成本和难度较低。如图3-8所示的各种精致的美食不仅会让用户产生食欲，更会让用户产生想学习制作的欲望。

图3-8

◇读书、学习

读书、学习也是比较热门的方向。读书可以是书单推荐、读书分享等，学习可以是各种考试的学习记录、辅导孩子学习的日常、教授学生学习的专业方法等。需要注意的是，读书、学习需要一定的沉淀，要有耐心，可以分享一些比较热门的作品、真实的学习经历，或是能有效提升学生成绩的学习方法，这样的内容更容易做出爆款。

◇绘画、摄影

网络的便捷让网课火了，很多技能的学习在网上就能搞定。绘画和摄影作为艺术类的选题，拥有着许多爱好者和学习者。如果你是相关领域的专业人士或是资深爱好者，就可以选择绘画、摄影作品分享，或者绘画、摄影教程等。

4. 科技与科普

随着科技的日新月异，诞生了众多的电子产品，如手机、电脑、智能手表、数码相机等。这些日常生活中的商品需求量巨大，但面对琳琅满目的产品，普通大众比较缺乏产品选购以及产品之间的区别等方面的知识。因此，一些开箱测试、使用感受、产品推荐内容非常受欢迎。如图3-9所示，各种产品的开箱、使用感受为用户提供了借鉴。

图3-9

另外，日常生活中的一些科普知识也是不错的选题，比如科学实验、室内植物、汽车知识等。科学实验可以是生活中的科学，也可以是专业科学实验的展示；室内植物包含盆栽设计、插花艺术、种植教程等；汽车知识包含汽车资讯、保养等。

分享笔记

- 一篇笔记不一定只对应一个话题，可以把多个热门话题整合到一篇笔记中，但注意不能偏离账号的定位。
- 笔记的选题种类很多，除了以上提到的，还有诸如探店、影视混剪、生活搞笑等类可选择。在确定方向的时候，尽可能选择热门话题，但也要量力而行。

发挥个人优势，做你最擅长的领域

当下的“斜杠青年”越来越多，我们经常能看见某个人的简介下面有一大堆头衔，看起来很有震撼力。的确，有很多人是多个领域的人才，但如果你问他最核心的一项技能是什么，或者说最擅长的是哪一项，那他可能就要思考一会儿了。

做小红书账号定位一定要简化你的“简历”，只有懂得取舍，抓住重点，才能在有限的精力下做好一件事。也就是说，你一定要找到自己最擅长的领域，然后所有的事情都围绕这个领域进行，做到极致。

那么，怎么找到自己最擅长的领域呢？我们可以从以下两个方面着手。

1. 你最被别人认可的是什么

每个人都有自己的优势，都有被他人欣赏的地方。在日常生活中，别人夸赞你最多的是什么，找到它，然后认真思考，确定你最擅长的一个方面，深耕下去。

我们之所以要通过别人的认可来确定自己的优势，是因为我们对自己的认识容易产生偏差，很容易自认为自己的优势在哪，但很多时候这只是我们的一厢情愿。多从别人的口中了解自己才能更加全面地认识自己。

所以，不妨试着和身边的朋友或亲人聊聊天，听听他们坦诚的夸赞，从中找到自己的闪光点，然后以此作为定位。

2. 你在什么地方花费精力较多

过去或者当下，你每天花费精力最多的事情是什么，这是定位之前需要思考的一个问题。通常花费足够多的精力长期做一件事情，一定会成为领域内的行家或熟手，这是你最容易闪光的点。

阿珍是一位编辑，平时的工作除了约作者，和设计师、插画师沟通，大量的时间都在润色稿件、撰写文案等。自从接触了小红书之后，她也想做一位博主，可是做什么内容好呢？

思来想去，她找到了自己擅长的方面——写作。作为一个中文系毕业的学生，她在校时就是校报的主编，后来更是在多家报社实习，毕业后进入文化公司做编辑，一做就是五六年，这一路的成长，写作都伴随在她左右。

后来，她决定做一个写作博主，分享自己的亲身经历和写作技能提升方面的内容，这样的定位就非常适合她。

所以，把你花费精力最多的领域作为内容的定位，一定可以持续输出有内涵的内容，这比去做一个自己不擅长的领域要更容易成功。

那么，在哪些方面能够找到自己擅长的呢？

1. 长期坚持的兴趣爱好

每个人都有自己的兴趣爱好。不过，长期坚持的兴趣爱好更适合作为内容的定位。运营一个账号需要足够的热情和耐心，而一个长期坚持的兴趣爱好意味着你对它能持续地保持激情。

2. 你的专业和经历

你学习的专业和经历也是一个很好的定位方向。比如：如果你是插画师，有很多年的绘画经验，就可以考虑做一个绘画博主，分享绘画技巧、绘画作品；如果你是学法律专业的，从事律师职业，就可以考虑做一个律师博主，分享法律常识和亲身经历的案例；等等。

3. 个人能力突出

个人能力突出是指一个人的某一项技能很突出。如果你能写一手好字，那么可以考虑做一个书法博主，分享你的练字心得、书法作品；如果你擅长表演，又很幽默，就可以考虑做一个搞笑类博主，用你的幽默带给用户快乐；等等。

在小红书的定位上，方向大于努力，寻找到自己擅长的领域，发挥出你的优势，才有可能成为热门博主。

分享笔记

- 精准定位，就是找到自己最擅长的领域。
- 要在兴趣爱好、专业、突出能力这些方面仔细分析，找出自己真正擅长的领域。
- 如果选定的领域没有起色，就要及时进行复盘，看是否找准了自己最擅长的。

了解用户数据，打造爆款内容

在大数据时代，数据代表了方向，所以一定要相信数据的力量。你在小红书的内容定位，甚至是运营，如果能够参考大数据，无疑会提升定位的精准性，有助于运营的优化。那么，如何参考数据？参考哪些方面的数据？下面，我们具体来说一说。

1. 平台数据

平台数据包括用户的数量、用户年龄段的比例、笔记内容的热门度、用户活跃的时间段、下单的成交量等。了解和研究这些数据对内容定位非常重要。比如小红书用户主要是一、二线城市的年轻女性，男女比例为1：9，从这个数据来看，运营年轻女性喜欢的内容会有更多的潜在用户。

当然，研究平台数据并不是就要跟着平台走，而是给自己提供一些参考意见。做内容定位必须考虑是不是自己擅长的领域。

2. 阅读量

当一篇笔记发布后，平台会提供大量的曝光量，尤其是刚刚发布的笔记，一般会获得平台较多次的推荐。笔记被曝光后，就有机会获得用户的点击。只要用户点开了笔记，就代表着一次阅读量。阅读量只有发布者自己能够查看，通常是在笔记的左下角，如图3-10所示。

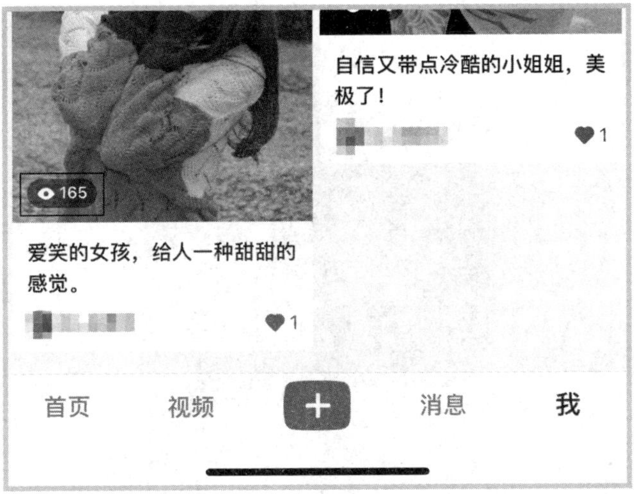

图3-10

阅读量意味着用户对内容的感兴趣程度，如果阅读量一直较低，那么就要考虑是不是选题方向不对，或者封面不够好看、标题不吸引人等。在找准选题方向的前提下，我们可以通过制作一些有意思的封面，取更有吸引力的标题来增加阅读量。

3. 点赞量和收藏量

拥有高点赞量和收藏量的笔记绝对是成功的，这意味着你的笔记内容很受用户喜爱。通常，当用户欣赏或认同你的笔记内容时，他们就会动动手指点赞；当你的笔记内容对用户有用时，他们就会收藏起来。

如图3-11所示，我们可以看到点赞量远远大于收藏量，这是因为这些照片非常有创意和吸引力，用户因喜爱而点赞，但这样的照片不容易拍出来，所以很多用户不收藏。而图3-12中的收藏量却大

图3-11

图3-12

于点赞量，这是因为这个教程非常实用，用户收藏是想以后把它学会，点赞反而没那么重要。由此可见，点赞量和收藏量两个指标不分高低，一同反映了内容的受欢迎程度。

4. 评论数

对于优质的内容，用户不仅会点赞、收藏，甚至还会进行评论互动。通常，能够让用户进行评论的内容，一定是深入用户内心的，且引起了他们的共情，这种刺激让他们产生了表达和交流的欲望，从而留下自己的评论。

评论的数量会远远低于点赞量和收藏量，这说明了评论数量的可贵。但不是所有的评论都是好的，其中也夹杂着负面的评论。对于这样的评论，我们要以正确的心态对待，把它当作珍贵的反馈，好的吸收，不好的摒弃。

分享笔记

- 有时候，我们的感觉是错的，而数据是真实的。敬畏数据，敬畏用户的喜好，定位才能更精准。
- 在寻找定位的时候，我们还可以采用从发散到聚焦的方法，即先在多个领域找到若干个爆款内容，然后分别发布一篇笔记，确定较火的几篇，再从中找到与自己最擅长领域相匹配的那个。

定位明确后，做好这三件事很重要

每个优质的小红书账号都是通过精心运营日积月累做起来的，想靠某一篇笔记就爆红的想法是要不得的，即便有这样的例子，也是极其稀少的。

所以，并不是每天打开小红书App，随意浏览别人的爆文，参照别人的内容，照搬到自己的账号就可以了。当下小红书经过一系列的变革，单纯依靠模仿是很难火起来的。

在定位明确后，不妨做好以下三件事。

1. 用心发布笔记

有不少的小红书账号起初都是博主分享自己的日常生活，博主并没有想过具体的运营内容，一段时间后获得不少粉丝的喜爱，账号就有了价值。

有了粉丝量，账号就要开始考虑定位问题了，这个时候是继续分享生活，还是把账号作为一个品牌来运营，大多数博主都会选择后者。

其实，不管是一开始就明确定位，还是有了一定粉丝量后才明确定位，接下来最重要的事情都是用心发布有质量的笔记，这是一个账号获得粉丝进而爆红的关键。

如图3-13所示是一款男士护肤品的推广笔记，在描述产品的时候，还详细地附上了使用教程，以及使用的感受，这样用心发出来的笔记，自然会引起使用过该产品的用户的共鸣，从而收获更多的点赞和评论。

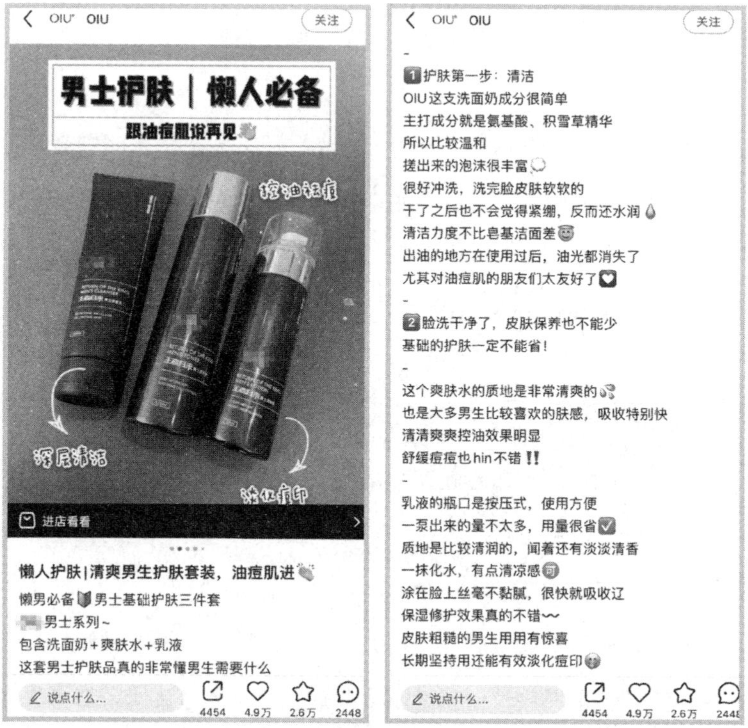

图3-13

2. 传播有价值的内容

移动互联网的发达，让用户越来越细分，各大平台都在自己的社区发布产品测评、好物分享等内容，博主、达人成了最好的营销利器，网红经济红极一时。

小红书作为其中的佼佼者，其电商属性越来越强，博主、达人分享笔记已经不仅仅是为了分享，还带有一定的营销属性。所以，你的笔记内容不能满篇都是推广，必须传播有价值的信息。

尤其是在信息传播碎片化的当下，深挖数据价值，建立社会化的传播矩阵，同时建立起用户与品牌之间的高效沟通桥梁，是广大企业品牌的核心诉求。

作为运营者，我们有责任保证每篇笔记的价值，为构建小红书推广营销价值生态链贡献自己的一份力量。

3. 正确看待流量

相信每一位小红书运营者都期待一夜爆红，在初期有这样的想法也是正常的。但实际上，真实的数据可能会让你认清现实，你甚至会从满怀期待到跌落谷底。在这个过程中，如果你不能保持一个良好的心态，正确看待流量，可能很快就会失去信心。

一般来说，账号初期都会面临吸粉难、流量小的困境。作为运营者，你要保持理智看待流量的心态，要学会沉淀，沉下心去制作用户喜爱的优质笔记，切记不能急于求成，而是在点滴互动中积累用户，逐渐把账号做起来。

分享笔记

- 只有有价值的优质内容，才能获得强势的曝光机会。

第四章　写出爆款文案，用一句话吸引人

写出爆款内容是每一个小红书运营者的目标。在明确了自己账号的定位后，写出爆款内容成了第一要务。一篇优质的笔记能够带来巨大的流量，而优质的笔记首先离不开好的选题和有创意的文案。本章就带你认识文案的重要性，并教你写出有创意的爆款文案。

建立选题库，打造属于你的爆款文案

想要写出爆款笔记，选题非常重要。一个好的选题方向意味着爆款概率的增加。那么，在巨量的选题中，如何才能找到适合自己的选题呢？如何才能持续发布优质的笔记？这就需要我们建立选题库。具体可以从以下三个方面来进行。

1. 借鉴别人的爆款选题

写出爆款选题最好的方法就是借鉴别人的爆款选题。那么，什么样的算得上爆款呢？如果一篇笔记的点赞、收藏和评论加起来超过5000，那这篇笔记的选题就可以算作爆款选题了。

我们都知道“二八定律”，爆款选题也同样适用这个定律，能够成为爆款的概率也就是那20%，剩下的80%都会沉没。我们的目标就是找到那20%的爆款，然后继续剔除，取其精华，去其糟粕，从借鉴到完全形成自己的爆款选题。

比如，你的账号定位是“摄影博主”，那么，你可以看看同类博主都出了哪些爆款笔记。如图4-1所示，“0基础入门学摄影！10年自学摄影知识总结”这个选题对于刚入门的摄影爱好者来说，是非常有吸引力的。如果你也是资深摄影师，那你完全可以借鉴这样的选题写一篇笔记，在内容上要更加全面和深刻，并融入自己真实的经验。

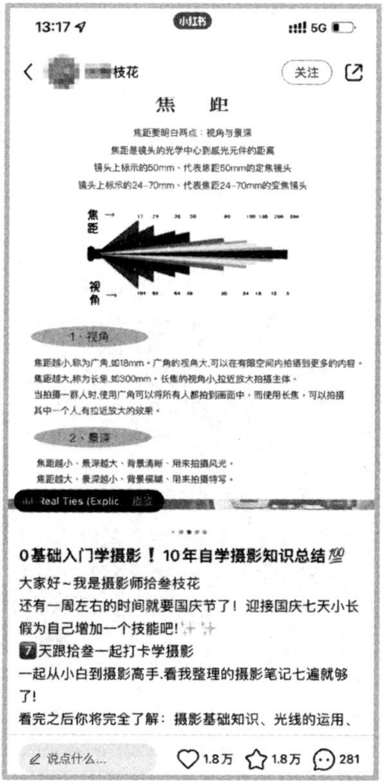

图4-1

又如图4-2所示的“拍私房照的48个超辣姿势，发朋友圈会炸掉！”这个选题。私房照本身就是一个很火热的话题，这是无数摄影爱好者和爱美女性都想尝试的拍摄内容，但真正拍起来却不是那么容易，需要摄影师和模特掌握一定的拍摄姿势，否则很难拍出好看的图片。

关于拍照姿势这类话题的热度是比较高的，我们同样可以借鉴发布类似的笔记，比如“给女友拍照的N个超辣姿势，发朋友圈会炸掉！”这样的选题成为爆款的可能性要大很多。

图4-2

2. 在评论中寻找爆款选题

任何一篇爆款笔记都有可能存在不完美的地方，这些很可能会在用户的评论中体现出来。我们可以针对这些意见或诉求，策划一个新的选题，在原来的爆款选题上进行优化，发布一篇更全面的笔记。

如图4-3所示，“8部高分治愈电影”这样的选题本身就制造了话题，每个人心中的治愈电影都是不一样的，这个数字可以是“8”，也可以是“10”，甚至更多。如图4-4所示，用户通过评论把自己看过的深有感触的电影推荐出来。从评论中，我们可以进一步拓展此类选题，比如“12部高分治愈电影”，来打造更优质的笔记内容。

图4-3

图4-4

3. 从站外平台挖掘选题

只在小红书搜索爆款选题是有限的，我们还可以从站外搜寻热门的选题作为自己创作笔记的灵感。比如微信公众号、知乎、B站、微博等，虽然平台不一样，但用户的喜好是一样的。这些平台的爆款内容，我们同样可以借鉴到小红书的笔记中。比如，B站里播放量高、弹幕多的选题都有一定的热度。我们要做的，就是在这些平台之间进行对比，找到同领域内的热门选题，然后将它们归纳到自己的选题库里，再一一尝试，进而打造出属于自己的爆款笔记。

分享笔记

- 学会模仿是让我们站在巨人的肩膀上看世界，然后实现突破。
- 借鉴别人的爆款内容不能直接照搬，而是要让它成为自己的东西，并优于对方，这样才有可能做出自己的爆款。
- 同行是最好的老师，向同行学习一定会受益匪浅。

做好选题与策划，输出优质内容

什么样的内容才是用户喜欢的？如果选题和策划做不好，用户对内容不感兴趣，那么你的账号基本很难获得流量。这对运行者和小红书平台来说都是有影响的，因为内容有价值，平台才会有生命力。

为什么说有价值的内容很重要呢？

在发达的移动互联网时代，信息大爆炸导致信息超载，但有用的信息却非常匮乏，你可以搜索任何内容，但想要获取优质的内容却不是一件容易的事，因此衍生出了知识付费。

知识付费是在互联网平台中，用户支付一定的费用从而获取有特殊需求的信息。如果这样优质的内容可以不用付费就能获得，那一定是非常受欢迎的。

因此，很多平台对优质内容非常重视，并大力扶持优质的创作者，可以说一个平台的优质内容越多，就越能吸引用户。小红书在这方面一直都保持着优势，它越来越红正是得益于“内容为王”的理念。

如果想要在小红书发布内容，就一定要争做原创，只做内容的搬运工是很难获得流量的。在进行原创时，选题和策划非常重要，好的选题和策划会让你的内容既有爆点又有话题性，更易引发用户讨论，从而带来更多的曝光量和流量。

1. 在众多话题中确立选题

在小红书中，有大量的话题分类可以供你选择。如图4-5所示，在“发现”页面，我们可以看到包括摄影、读书、家装、家居等三四十种选题分类，如此众多的话题足以满足你的需求了。你可以结合每个话题的热度，找到符合自己定位的相关话题，然后深耕内容。

图4-5

2. 策划出选题的热度

确定了自己的领域，决定了做什么内容只是第一步，这还远远不够，如何策划出选题的热度也是非常关键的。

想要让选题内容有热度，最好的办法就是蹭热点。在发布笔记前，我们可以在搜索栏中输入关键词，查看与话题相关的热点。热度比较高的话题一般流量大，是用户喜爱的内容，我们可以进行借鉴。

如图4-6所示，如果你的定位是一位读书博主，那么可以搜索“读书”，查看热度最高的几篇笔记，借鉴其推荐的书目，甚至还可以参考其笔记的写法。

当然，你一定要创新。若选择类似的书目，那在笔记的写法上就一定要有区别；若借鉴笔记的写法，那就将其运用到其他的推荐书目上。

选对了选题，策划出了选题的热度，你的笔记爆火的概率也就大大提升了。

图4-6

分享笔记

- 做选题最好是选择自己擅长的领域，这样才能更持久地把内容做下去。
- 获得广告推广是一件好事，但也要注意不要把账号变成“安利号”，过多的广告很容易让笔记风格转变，不利于账号的长期发展。

小红书标题是吸引人的基本要素

标题是用户获得笔记内容的重要来源，也是一篇笔记内容的高度提炼。一个好的标题能够吸引用户的眼球，提升笔记的阅读量，甚至是点赞量、评论数等。那些爆款笔记无疑都有一个抓人眼球的标题。

那么，如何才能做到让笔记标题吸引人呢？可以从以下几点入手。

1. 必须包含关键字

我们知道小红书的推荐机制是根据用户的浏览习惯来推荐类似的笔记，如果用户想浏览某一个类别的笔记就必须进行搜索，所以，标题中的关键字对于内容的曝光度非常重要。

从运营者的角度来说，关键字可以吸引特定用户，锁定目标用户。当用户在不断上滑页面的时候，关键字会让他们产生兴趣，停下来点开标题浏览。从用户的角度来说，突出的关键字有利于他们筛选自己感兴趣的笔记内容。

如图4-7所示，标题中的“老爹鞋”就是最重要的关键字。有了这三个字，用户就能精准地搜索到这篇笔记，再加上“冰川白”“太纯欲”这样的修饰词，标题就变得更加有吸引力了。

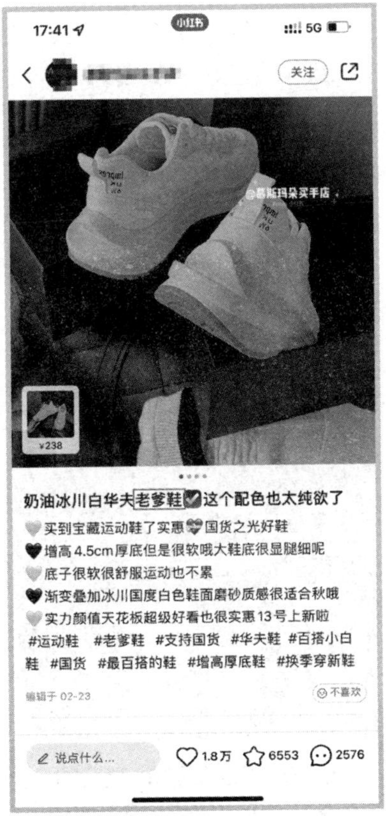

图4-7

2. 用数字提升敏感度

数字简洁又容易引起用户的注意，在标题中加入数字可以有效提升用户的敏感度，让用户直观地感受到笔记内容的价值，增大笔记被点开的概率。

如图4-8所示，“均价10元”这个标题用数字直观地展示了产品的价格，吸引用户点开笔记查看。如果去掉“10元”这个价格数字，吸引力就会减弱很多。

图4-8

类似于这样的标题很多，诸如“不敢相信，90天挖出豪华地下别墅”“400一节的私教课教了什么”“吐血整理，央视60条天花板文案”等。我们在拟标题的时候，尽可能地用数字展示信息，可以大大提升笔记的阅读量。

3. 用符号增加吸引力

在标题中加入符号可以使标题更加生动和引人注目。符号包括特殊符号和标点符号。特殊符号可以是一些小的图案，不仅有展示信息的效果，还可以起到美观的作用；标点符号则大多是为了增强语气。

如图4-9所示，标题中前面的1️⃣5️⃣，代表着一系列笔记的序号，这比单纯的数字更加吸引注意力，后面两个红色的感叹号，显眼的同时也增加了语气。适当使用这样的符号，可以让平淡的标题变得更加亮眼。

图4-9

除此之外，小红书的标题还应该能够引起用户的共鸣。在标题中加入一些定位标签，比如“上班族”“果粉”等一些针对潜在目标用户的标签，可以让用户快速找到你的内容。还可以借助一些品牌和名人的效应，把一些与自己账号定位相符的品牌和名人融入标题中，效果也是显著的。

分享笔记

- 小红书每篇笔记的标题最多只能输入20个字，有时候排版的差异甚至只能显示16个字。所以我们在写标题时，一定要注意尽可能用最少的字表达最丰富的信息。
- 笔记标题需要避免使用有争议的品牌和名人，否则会引发账号安全问题。

善于借助热点，让文案自带流量

“热点”就是信息在传播中最受大众关注的某个或者某些点，具有广泛的传播度和关注度。每当有热点事件发生时，很多自媒体运营大咖就会从不同角度解读热点，并使之与自己运营的内容关联起来，以吸引巨大的流量。

通常来说，热点具有爆发猛、传播快、时效短的特点。如果能够及时掌握热点，正确应用热点，那么，热点就是撬开笔记阅读量的支点。

作为小红书的运营者，你在编写文案的时候也要善于借助热点，因为热点事件本身就拥有一大批的关注者，这些人可能不是你的目标用户，但他们可以提升你的笔记的热度，有热度的笔记才会受到平台更多的推荐。

首先，我们来了解热点的种类。

1. 可预见性热点

很多热点都是可以预见的，比如某个节日、某个活动等，这些事件发生的时间都是固定的，你可以有充分的时间准备文案。但这类文案同质化比较严重，你要创作出更加有创意的文案。

如图4-10所示，作为一个图书推荐账号，在“双十一”期间推出的一篇购书攻略“双十一保姆级买书攻略！！买到就是赚到”成了爆款。像“双十一”这样固定的购物节就是一个很好的热点话题，我们可以根据自己的账号定位在这一天或前夕发布一篇相关的笔记，流量一定会比不带节日的好很多。

图4-10

2. 突发性热点

从某种程度上说，突发性的热点才是真热点。很多事件在一夜之间就火了，这样的热点常常会让运营者手足无措，应对的策略就是一个“快”字。首先，应该快速确定突发性事件与内容定位是否相符，从哪个角度切入较好。

图4-11

如图4-11所示的账号内容是一个外国人在中国的日常生活分享。当鸿星尔克、蜜雪冰城向河南暴雨灾区捐巨款后，这立即成了热点事件，人们纷纷抢购鸿星尔克、蜜雪冰城的产品。运营者借助热点，迅速加入其中，亲自到店选购，然后配上“野性购物，支持国货之光！穿了鸿星尔克，喝了蜜雪冰城……”这样的热点标题，获得了大量的点赞。

无论是可预见性的热点，还是突发性的热点，在蹭的过程中都要注意以下三个方面。

（1）速度快。及时性永远是蹭热点的第一位，所谓“快”，是指快速了解、快速融合、快速传播。

（2）互动性强。互动性强就是指能够产生话题感。热点信息本身具备用户参与感，蹭热点也必须充分考虑用户参与感，笔记内容有互动，才能产生更多话题。

（3）观点正。笔记内容千万不可以越过底线，扭曲现实。蹭任何热点，都必须保证三观端正，这样才能获得用户的喜爱。

分享笔记

- 蹭热点千万不能盲目。当遇到热点时，不要一哄而上，科学的做法是快速对热点信息进行多维度分析，然后做出决定：该热点是否应该蹭、怎么蹭、预估效果如何。
- 时刻保持对时事热点、社会新闻、热搜的关注。

颠覆认知，出其不意引发用户好奇

文案最主要的目的就是吸引人，引起用户的好奇心。想要达到这样的效果，方法有很多，颠覆认知就是其中之一。

什么是颠覆认知呢？简单来说，就是文案内容与大众普遍认同的观点不一样，用户看了之后会觉得不可思议，颠覆了其日常的认知。

小红书的标题文案越能引起用户的好奇，阅读量就越高。如图4-12所示，“学生党不花钱美白法！！”这句文案就比较颠覆认知，想要美白就得买美白产品，哪里可能不花

图4-12

钱呢？难道会有其他方法？用户产生了好奇，就会点开内容进行浏览。好奇的用户越多，笔记获得的阅读量也就会越多。

又如图4-13所示，“盐可以托起鸡蛋？这不科学啊”这句文案也达到了颠覆认知的效果。只要稍微有点儿物理知识的人都知道，盐水的浮力是可以托起鸡蛋的，但后半句却说这不科学，让人产生了好奇心理。点开内容看后，才知道原来是把鸡蛋放在装满水的袋子里，自由落向地面：如果装的是清水，鸡蛋就会破碎；如果装的是盐水，鸡蛋则会完好无损。最后的结果证明你的认知没错，只是被标题戏耍了一下而已。

图4-13

在大量正面的描述性标题文案中，偶尔运用一些颠覆认知的标题文案，能起到意想不到的作用。不过，在构思颠覆性标题文案的时候，我们需要注意两点：一是要能让用户产生思考；二是要能让用户产生好奇。

分享笔记

- 多样性才是标题文案的常态，虽然颠覆认知的文案非常吸引人，但也不能每一篇笔记都用这样的模式，否则容易让用户产生疲劳感。
- 颠覆认知的文案不要过度夸大，而且要与内文相匹配，否则会让用户产生被骗了的感觉。

巧用网络热词，抓住用户痛点

每年都会有一些热词在网络上流行，这些词自身有着很高的热度，是比较吸引人的。小红书的笔记标题也可以嵌入一些网络热词，这可以让标题看起来有新意，用户更愿意点开笔记。

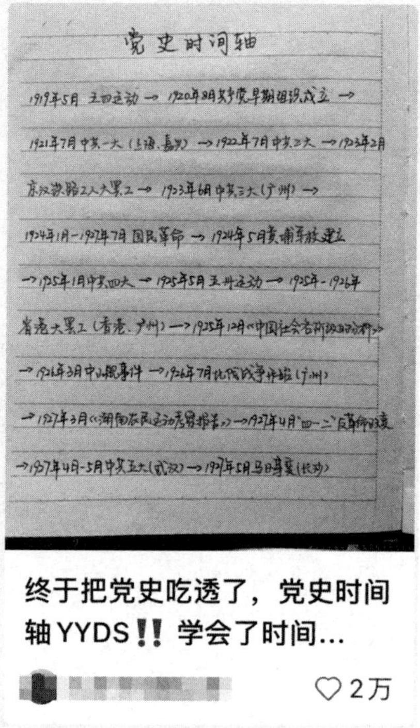

图4-14

如图4-14所示，笔记标题“终于把党史吃透了，党史时间轴YYDS！！”中的“YYDS”是网络热词，是“永远的神”的汉语拼音的首字母缩写，被用于赞美人物、国家、机构、组织，进而扩展到事件、事理、事物等。

又如图4-15所示的“待在中央美院　我好痛苦！”“央美，你怎么能这样对我…＃艺考＃凡尔赛”这些话充满着“凡尔赛”（一种以低调的方式进行炫耀的话语模式）文学。能考入中央美院是一件令多少人羡慕的事，笔记作者却使用“凡尔赛”语言抱怨自己的痛苦，这容易引起用户对这些“痛苦”的好奇，从而点开笔记看个究竟。

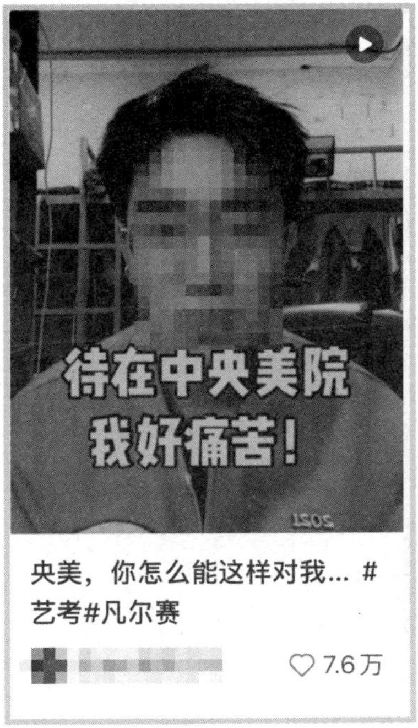

图4-15

每年都会有不同的网络热词出现，作为一个运营者，你要有足够的敏感力，这样才能捕捉到最新、最火的热词，再结合自己的内容巧妙地应用，你的笔记就会与众不同。

分享笔记

- 在使用网络热词的时候，用词一定要准确，不能乱搭，否则会招致用户的反感。
- 每年都会兴起一些网络热词，使用网络热词时应当紧追热点。

干货十足的笔记内容才有吸引力

小红书的笔记标题有足够的吸引力才能把用户领进门，接下来用户能不能认真看完你的笔记内容，留下点赞、评论，甚至是收藏后再离开，就要靠笔记内容的吸引力了。

什么样的笔记内容最具吸引力？什么文案技巧能为内容增光添彩呢？

最重要的一个原则就是内容有料，干货十足。

内容有料的小红书文案，才能瞬间吸引用户的注意力，让他们对内容产生好奇。如图4-16所示的“辞职后自己交社保，支付宝1分钟搞定”这条文案就非常有料。辞职后社保断交是很多职场人面临的问题，而这个标题文案用简单的一句话就圈定了自己的用户，并且给出了方法，这样有料的标题文案就很容易引发用户的好奇。

图4-16

用户被标题文案吸引进来后，如果你的笔记内容干货不够，轻则让用户产生被骗的感觉，快速退出；严重的还会让用户标记“不喜欢”，从此屏蔽你的笔记。如图4-17所示是标题为“辞职后自己交社保，支付宝1分钟搞定”的笔记内容，文中先说出了大多数人的做法，然后给出了具体的步骤，还配有注意事项，可以说是干货满满。

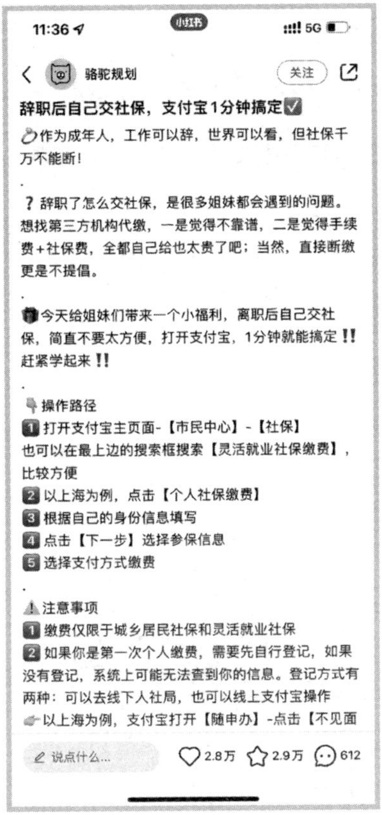

图4-17

一般来说，干货型的内容主要是分享某一方面的知识、技巧等，主要包含三个方面的内容：一是塑造价值，不仅指笔记的内容要有价值，也包括了运营者的权威性和内容的真实性；二是强调重要性，即学会这些知识、技能的重要性；三是解决用户的需求，即干货内容必须是用户有刚性需求的，而且能真正帮助他们。

分享笔记

- 将常规的事情打散，说得与众不同，变得非同一般，这样的文案一定会更加吸引人。

小红书笔记内容的优势

同样是对产品的推广，小红书的笔记与传统的推广文章有什么不一样呢？这可能是你需要了解清楚的问题。很多人认为小红书的笔记甚至比传统的推广文章更胜一筹。

小红书笔记真的有这么大的魔力吗？其实这只是因为时代与环境不同，各大品牌商需要不同的推广文章曝光自己的产品。传统的推广文章不会消失，小红书笔记也会发展得更好。

通常来说，小红书笔记的内容优势有两个方面。

1．针对性强，信任度高

传统的推广文章是面向大众的，是一种广撒网的模式，不管受众对推广的产品是否感兴趣，都无差别地送达，这样的推广往往针对性不强，只是为了让更多的人知道。

小红书的笔记在针对性上要更强一些，每一篇笔记都是针对特定产品，精准地推送给特定人群的。另外，小红书的笔记大多是用户真实的分享，不像单纯的推广文章那样全是营销，其可信度相对要高很多。

2. 优质笔记带来好口碑

优质的推广笔记可以将品牌和用户之间的联系变得更加紧密，把真实的产品使用心得分享给粉丝和消费者，形成口碑的传递。而传统的推广文章由于受到思维定式的影响，很容易被用户视为广告，难以形成口碑。

如图4-18、4-19所示，一款水乳的推荐笔记获得了大量用户的点赞、收藏和评论，在评论区可以看到用户分享了很多使用心得。这种粉丝间的互动，使得产品的口碑越传越广。

图4-18

图4-19

另外，小红书作为一个集社区与电商于一体的平台，可以快速转化用户。用户在看到“安利”的笔记产品时，可以进入商城直接购买，这一点是传统推广文章难以做到的。

虽然小红书的笔记内容比传统推广文章更有优势，但要完全发挥出这种优势也是不易的，尤其是想做一个成功的内容电商。你想比别人优秀，就必须明白优质内容比电商更重要。

小红书作为一个社区，聚集了一群生活有品质、有追求的活跃用户，这些用户形成了一个个社群，在电商进入后，这些用户成了非常有潜力的消费者。只有优质的内容才能真正地吸引、留住他们。

另一方面，小红书只是把电商作为满足用户需求、实现用户体验完整性的环节之一。也就是说，小红书的内容始终优先于电商，战略定位始终是社区，愿景始终是占领更多的生活场景。所以，优质的内容在任何时候都是优先重视的。

分享笔记

- 优质内容是小红书成功很重要的一个方面，但产品、社群、数据同样不可或缺。任何带着社交电商基因的运营模式，都是由多个板块组合互相成就的。

第五章　图片制作，有颜值的画面更吸睛

图片是小红书笔记中非常重要的一部分，美观的图片会让用户一眼就锁定你的笔记。一张好看的图片涉及拍摄、构图、后期处理等一系列操作。如何制作出好看又吸引人的小红书笔记图片，从而获得更多的曝光量呢？本章内容将为你解决这一问题。

小红书图片拍摄技巧

图片是小红书笔记中不可或缺的元素，无论你运营的是什么内容，拍摄图片是撰写笔记前必须做的日常工作。虽然现在手机拍照非常普及，但真正要拍好一张图片，还是有讲究的。只要掌握以下几个拍摄技巧，你拍出的图片就会与众不同。

1. 利用好光线

摄影是光的艺术，光线可以营造不同的氛围，不同的题材对光线的要求也是不同的。比如：日常人像照可以是正常曝光，也可以是暗光剪影；产品图片就必须清晰、有质感；等等。对于大多数的笔记图片，只要曝光正常就可以满足要求。

一般来说，如果是在室外，光线往往比较充足，就比较容易拍出好的图片，只需注意不要在烈日下或光照特别强的地方拍照即可。如果是在室内，光线往往不足，这就需要我们打开灯源，并且学会一些简单的布光知识，因为室内的灯光很容易造成阴影，如果处理不好，照片看起来就会很差。当然，也可以借助窗外的阳光。

如图5-1所示的是在室内拍摄的书籍，将书摆放在阳光照进来的桌子上，形成了明暗对比，营造出了一种静谧的氛围，让图片看起来有立体感、空间感。如果没有这束光，画面就会显得平很多，没有视觉的冲击力。

图5-1

2. 找好拍摄角度

一个事物，我们可以从多个角度去拍摄它，比如俯拍、平拍、仰拍等，不同的拍摄角度所获得的效果也会不一样。日常的人像拍摄，仰拍可以拍出修长、高大的形象，这通常适合外景的拍摄；而室内的人像拍摄则是平拍、俯拍用得更多。

另外，不同的题材，拍摄的角度也会不同。比如：拍美食，则俯拍用得较多，而几乎很少用仰拍；拍高层建筑，则仰拍用得较多，以凸显建筑物的高大；等等。不过，即便是同一个题材也可以出现多个角度，这样可以丰富画面。

如图5-2所示，45度俯拍的美食，给人以由近及远的视觉感受，可以很好地呈现美食的全貌，这种视角就像自己坐在桌前享受美食，会让人有身临其境的感觉，立体感和空间感都恰到好处。又如图5-3所示，采用仰拍，把毫无特色的四栋楼房拍出了创意，这样的图片给人的吸引力是非常强的。

图5-2

图5-3

3. 构图有美感

一张图片好不好，构图绝对是影响因素之一。好的构图能够突出主题，让人看了印象深刻。一般来说，摄影构图法主要包括对角线构图法、“井”字构图法、框架式构图法和对称式构图法等。这些构图法都可以让画面更加有趣味。

比如，图5-4采用的是对角线构图法，图5-5采用的是对称式构图法，图5-6采用的是“井”字构图法，图5-7采用的是框架式构图法。不同的构图法营造了不一样的视觉感。

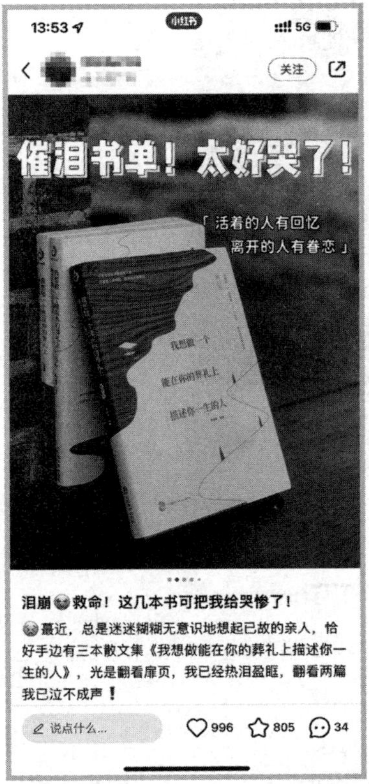

图5-4

图5-5

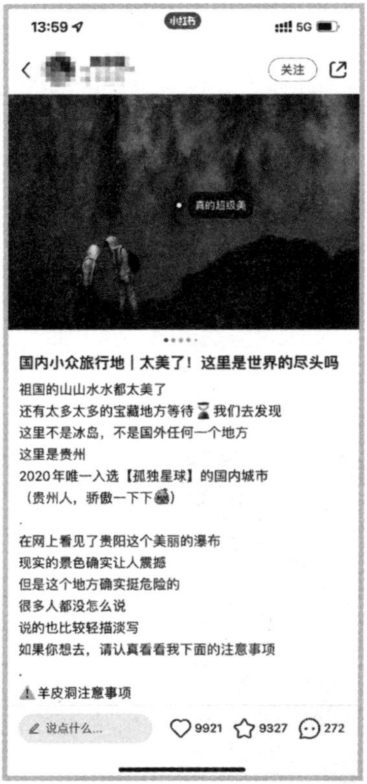

图5-6

图5-7

每一种构图法都有自己的特色，我们可以根据题材灵活应用。同一种题材，我们也可以采用不同的构图法拍摄多张图片。小红书笔记可以发布多张图片，灵活多样的构图画面会显得更有活跃感。

4. 使用好道具

有时候，单独拍摄一个主体会显得特别空，这个时候就要善于使用道具，特别是在室内拍摄时，充分运用道具，可以让画面活跃起来。

比如，如果单独拍摄一堆书，会显得特别单调，而通过采用对角线构图法，再配上小烛灯和假树叶这些道具，如图5-8所示，图片就温暖起来了，整个画面也变得饱满起来。

图5-8

需要注意的是，使用的道具一定要和主题搭配得当，能够融合主题的氛围，如果太突兀，就会让照片看起来不伦不类。

分享笔记

- 如果你的笔记经常以人物出镜，那么在拍摄人像时，除了文中讲到的技巧，你还可以多用一些动作（姿势）来增强画面的美感。
- 着装搭配对拍摄也有很大的影响，不同的场景要搭配不同的服装。

高颜值笔记封面的形式

给小红书笔记设置高颜值的封面能起到更好地吸引眼球的作用。那么，高颜值的封面是什么样的？又该如何设置呢？我们可以采用以下四种形式来制作高颜值笔记封面。

1. 纯色底+文字

封面图片一定得是非常好看的图片吗？其实，有些笔记为了突出内容，更加注重文字的凸显，图片则变为次要的了。如图5-9所示的封面图片采用了纯白的底色，封面文案只有一句“推荐一本你最最最最最喜欢的书”，非常简洁。

使用这种封面的通常都是干货型的笔记分享，直接体现笔记内容的要点。因此，为了不让图片喧宾夺主，我们也可以采用纯色的图片：笔记内容是活泼的，可以选择暖色；笔记内容是严肃的，可以选择冷色。

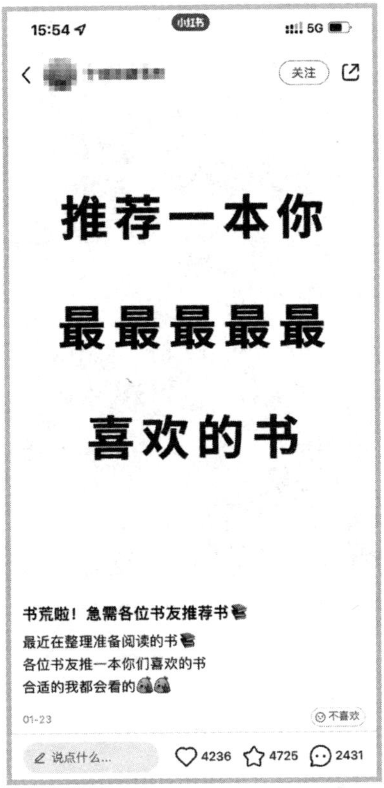

图5-9

2. 单张图+文字

这是比较常规也是用得最多的小红书笔记封面做法。用一张比较吸引人的图片作为封面，配上放大的文字展现笔记标题。如图5-10所示，将一张摆满化妆品的图片作为封面图片，配上标题文案“日系元气少女妆容”，用简单的图文突出了主题。

图5-10

这种单张图片与文字结合的形式，通常图片和文字是相匹配的，两者之间是存在联系的，图片就是内容的体现。因为只有一张图片，所以需要精选与笔记内容相符、风格一致的图片，这样才会使笔记封面整体看起来更和谐。

3. 双图对比+文字

为了让封面更具有视觉冲击力，有些笔记内容会采用双图对比加文字说明的形式来吸引用户的关注。比如化妆品的试用、修图教程的前后对比、健身前后的对比等，这些需要强调过程和结果的笔记内容，设计双图对比的封面，效果会更明显。

如图5-11所示的两张封面图片为左右对比的儿童图片，左边是原片，右边是经过后期处理的图片，加上标题文案“照片通透立体的秘密”，非常直观地呈现了“通透立体”的图片效果，极具视觉冲击力，可以更好地吸引用户的关注。

图5-11

4. 多图

多图的封面在小红书的笔记中也应用得非常广泛，通常用来展示某一系列的产品，比如不同种类口红的展示、一周七天的美食展示等，也可以是某一件事情的整个过程与步骤，或者是创作者的多个作品的展示。这种拼图的封面，可以让用户直观地了解笔记内容。

如图5-12所示的是九支不同口红的颜色对比图，可以让人一眼就分辨出它们的不同。如图5-13所示的是一周工作日午餐便当展示图，每日的食物搭配清晰可见。

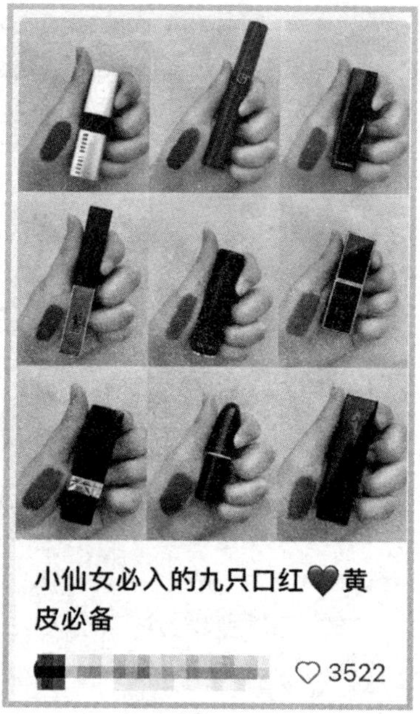

图5-12

图5-13

在进行多图展示的时候，也可以适当添加少量的文字，但文字不要遮挡图片，因为多图展示就是为了让用户能一眼浏览全页图片，获得最多的信息。

分享笔记

- 多图展示非常考验图片的配色，以及拍摄、拼图技巧，如果弄不好，就会让画面显得杂乱无章。
- 封面图片不仅要精致美观，而且要尽量做到体现重点信息。

手把手教你制作一张封面图片

我们已经知道了封面图片的多种形式，无论采用哪种形式，只要是适合自己笔记类型的就好。它们制作起来并不难。下面，我们就来演示一下如何制作一张美观的封面图片。

步骤一：选择背景图片

通常来说，背景图片大部分都是自己拍摄的，所以具备一定的拍摄能力是非常重要的。除了拍摄的图片外，还可以使用一些图片处理软件自带的背景图片。不过，出于原创性的考量，选择自己拍摄的图片是最好的。

操作方法为：点击小红书界面下边的“+”号，弹出“最近项目”界面，如图5-14所示，你可以选择存在手机里的任何一张图片作为封面的底图，然后点击“下一步”。

图5-14

步骤二：对图片进行编辑

选定图片后，就来到了编辑界面。编辑界面下方有“文字”“贴纸”“滤镜”“标记”“调整”“智能成片”功能选项。“文字”选项可以给图片添加文案；“贴纸”选项可以给图片添加一些有趣的元素；“滤镜”选项提供了多种效果，可以改变原图的风格；“标记”选项可以进行定位，也可以对图片的某个元素进行说明；“调整”选项可以对原图进行裁剪；“智能成片”选项则可以将图片转化为视频，并自动配乐。

如图5-15所示是应用了文字、贴纸、标记后的效果。

图5-15

到这里，一张封面图片就制作完成了。随后，就可以进行笔记内容的编写了。需要说明的是，小红书图片编辑界面的各种功能能够满足大部分的需求，但如果想要更加个性的封面，则可以借助修图软件来完成。

分享笔记

- 封面上的文字要恰到好处，不要太大也不要太小，与封面协调为宜。尤其是贴纸的大小也要适当，否则容易显得杂乱。
- 如果想要制作双图或多图封面，需要先用修图软件把图片拼接起来。

封面图片制作技巧及注意事项

图片对笔记的影响较大，制作一张超级有吸引力的封面图片是我们不懈的追求。但在制作封面图片时，我们也应该掌握一些技巧，避开一些雷区，让封面好看又不违规。

1. 图片质量一定要高

图片质量，包括图片的清晰度、精致度和创意等。在选封面图片的时候，首先要确认图片够不够清晰，在清晰的基础上再选出精致又有创意的图片。

一般来说，手机拍摄的图片基本能满足小红书笔记的要求，但如果想让图片更加有质感，那么可以用专业的相机进行拍摄，这样可以达到更好的视觉效果。

2. 加入创意的设计

有创意的图片更吸引人。封面图片的创意可以在拍摄时加入，也可以在后期制作的过程中加入，这需要创作者用心思考，发挥想象力。

如图5-16所示的是疫情下的奥运会，用一个口罩当作泳池，几个小人偶站在跳台上摆出准备跳水的姿势，这样极具创意的图片就非常吸引人。

图5-16

又如图5-17所示，在一堆叠得很高的书上添加很多有趣的卡通人物，整个封面瞬间活跃起来，这样的创意就比枯燥地放一堆书好很多。

图5-17

3. 融入小红书中的流行元素

如果小红书平台的某个元素，比如滤镜、字体、贴图等特别火，不妨蹭一下热度，把它应用到自己的封面图片中来。热门元素一般都自带流量，更容易吸引用户的关注。我们可以通过首页推荐内容中的标签来找到热门元素。

笔记的标签最多只能有10个，所以一定要找到适合自己内容的标签。

4．图片要真实，不要过度美化

精美的图片很有吸引力，但也不能过度美化，保证真实性是前提。比如减肥前后的对比图、产品的展示图等，这些都需要在真实的前提下进行适当美化。如果弄虚作假、过度夸大，那么不仅是欺骗用户，而且容易遭到举报，造成负面影响。

分享笔记

- 根据小红书的推荐机制，笔记在发布后一小时内，点赞超过几十就会被定为热门，会获得平台的流量倾斜。
- 不是原创的图片，如直接搬运或使用带有其他平台水印的图片等都会受到平台的限流。
- 过于负面（如血腥、暴露等）的图片也容易被限流，甚至被封号。

简单又好用的几款图片处理软件

小红书笔记几乎离不开图片，可以说每篇笔记都是对图片的阐述。虽然小红书自带图片处理功能，但是编辑起来不如专业的图片处理软件方便，所以学会使用一些简单的手机图片处理软件是非常有必要的。

下面，就为大家介绍几款好用的修图软件。

1. 美图秀秀

美图秀秀是一款使用率很高的修图软件，功能比较全面，使用起来也比较简单，而且几乎全是免费的。在修图方面，它主要有图片美化、人像美容和拼图三大板块，如图5-18所示。

图5-18

◇图片美化

图片美化板块包括“智能优化”“编辑”“调色”“滤镜”“文字”“贴纸”“边框”等功能选项，如图5-19所示。其中，“智能优化”可以对不同题材的图片进行一键自动化处理，我们可以根据图片的题材选择相应的效果，如图5-20所示；“编辑”可对图片进行裁切、旋转和矫正；“调色”可以调整图片的光效、色彩和细节；“滤镜”“文字”“贴纸”“边框”等功能可以让图片更加美观。

图5-19

图5-20

◇人像美容

这是专门用来处理人物图片的，包括“一键美颜”“美妆”“面部重塑”“瘦脸瘦身”“增高塑形”“磨皮”“美白”“祛皱”等功能选项，即便人物的脸部存在斑点、黝黑、肥胖等问题，通过“人像美容”都可以轻松搞定。

如图5-21所示的人物照片的脸上有不少瑕疵，看起来很粗糙，非常不美观。对此，我们先点击“祛斑祛痘”把脸上的瑕疵去除，然后再点击“一键美颜”，从中选择想要的效果选项，如图5-22所示。

图5-21

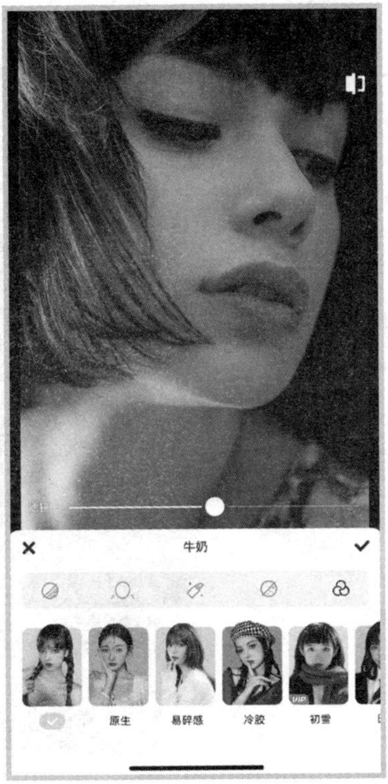

图5-22

◇拼图

这是一个非常实用的功能，小红书封面的双图、多图就可以通过这个功能实现。在拼图界面下方（如图5-23所示），有“海报”“模板”“拼接”“自由”功能选项。“海报”选项是自带各种海报效果的模板，包括文字、边框、贴图等，而且不可更改，不太适合小红书封面的制作。“模板”则是比较纯粹的拼图功能选项，有多种尺寸和样式，比较适合小红书的图片制作。“拼接”可以将图片拼成一长串，“自由”可以将一个模板上的多张图片手动移动到任何位置，这两个功能也不太适合小红书的图片制作。

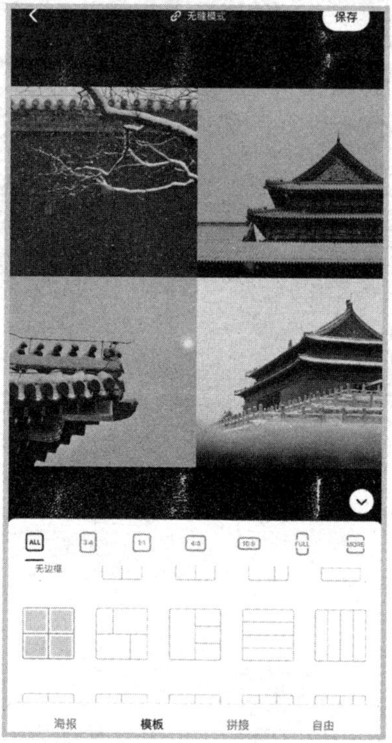

图5–23

总的来说，美图秀秀的这三大板块的功能非常丰富，基本可以满足大家的修图需求。

2. 黄油相机

黄油相机也是一款不错的修图软件，它最大的特色就是有“加字”和“贴纸”功能，这两个功能里的素材比较丰富，而且很可爱，适合一些小清新类的图片制作。如图5-24所示，“加字”功能里的“花字”中有不少的文字非常切合小红书的主题，而且配有可爱的卡通人物；如图5-25所示，“贴纸”功能里有各种各样的心形、箭头等标志，都是比较实用的。

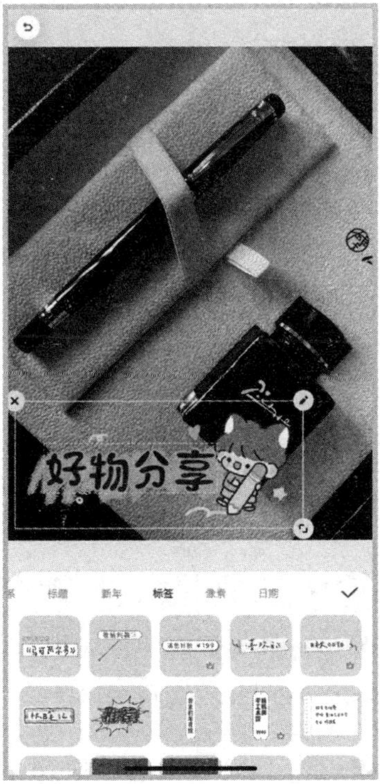

图5-24

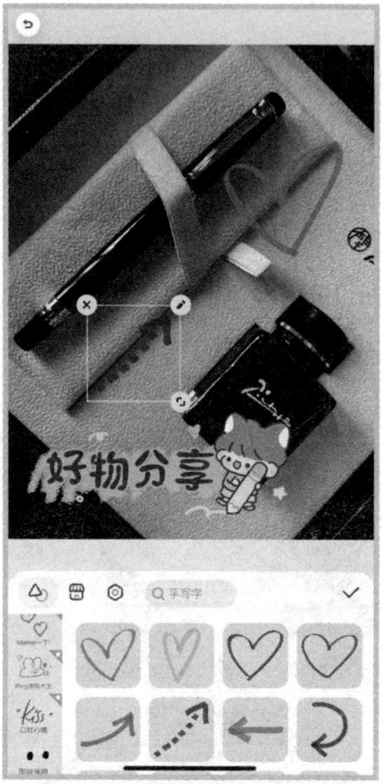

图5-25

3. Snapseed

Snapseed是一款非常简洁好用的修图软件，没有任何广告。如图5-26所示，打开软件点击任何位置就可以进入相册，选中想要处理的图片后，即可进入编辑界面。编辑界面（如图5-27所示）也非常简洁，“样式”里设置了多种简单的样式，可以一键生成；“工具”则是修图的主要板块，裁切、调色、滤镜、文字等都在这里完成；最后一步就是“导出”。

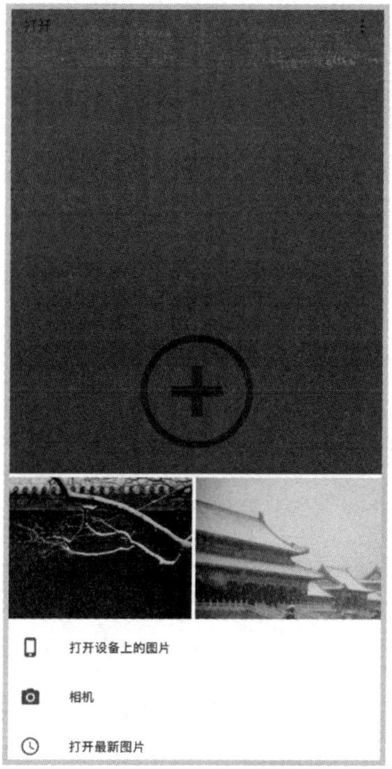

图5-26

图5-27

除此之外，还有一些不错的修图软件，比如：泼辣修图比较适合用于人像、风景、静物照的修图，醒图的滤镜质量很高，PicsArt美易具备多种多样的图片处理功能，等等。

分享笔记

- 每个软件都有自己的特色，在制作小红书图片的时候，我们应该充分发挥各个软件的优点，以方便快捷地制作图片。
- 相比用手机修图，用电脑修图可以获得更好的画质。如果你是个修图高手，能熟练操作Photoshop或Lightroom软件，则完全可以用电脑来修图。

第六章　动态视频呈现，秀出你的个性

在短视频时代，相比图文，视频包含的信息量更大，尤其是好物分享的笔记，视频可以更直观地展示产品。前面我们介绍了图文笔记的制作，本章就来介绍视频笔记的制作，包括熟练使用拍摄工具、巧妙构图、运镜、剪辑等内容，让你的视频笔记秀出你的个性。

适合视频展示的笔记内容

在小红书的笔记中，图片笔记和视频笔记各有优势，视频比图片更具有承载力和表现力，但制作成本要高很多。因此，小红书的笔记并不一定就要做成视频。

通常来说，以下几个方面的内容比较适合做成视频笔记。

1. 记录生活类内容

vlog是当下非常热门的短视频形式，主要是日常的生活记录和打卡。这样的视频非常容易获得热度，而且vlog非常切合小红书的口号——标记我的生活。

在所有的vlog中，工作、健身、学习等日常打卡笔记比较能引发共鸣，引起话题讨论，展现用户的美好生活状态。但需要注意的是，因为vlog的火爆，同质化会越来越严重，所以运营者在创作的过程中最好加入一些个性化的标签，以提高辨识度。

如图6-1所示，作为一个运动类的账号，博主通过视频展示减脂动作，可以让用户一边看一边练，这样的视频往往容易被点赞和收藏。

图6-1

2. 评测、体验类内容

将评测、体验类的内容制作成视频，能够动态地展示产品，让用户感受到真实。比如产品的开箱、试用，探店等。这类视频对于商家的产品推广是一种非常有效的方式，很容易获得商家的合作。

如图6-2所示，作为一个探店类账号，博主通过视频的方式，介绍美食店的特色以及享用美食的过程，这种动态的展示就比图文更加生动和吸引人。又如图6-3所示，作为一个评测类账号，评测内容包括衣、食、住、行等，几乎所有的笔记都是视频，动态化的展示更具有真实性，产品好不好用，试试就知道，图文是很难直观地展示出这些信息的。

图6-2

图6-3

3. 教程类内容

如果你的账号运营的是教程类的内容，视频就比图文更加合适，比如手工制作、美食制作等。视频可以很清晰地展示操作过程，用户可以一边看一边学。

如图6-4所示，用纸折出一朵漂亮的花，这样复杂的手工，用图文展示需要大量的篇幅，而用视频展示就形象多了，便于用户学习。

图6-4

分享笔记

- 评测类、体验类视频笔记一定要求真，展现真实，带给用户身临其境的感觉；同时还要求精，短视频的时长有限，要把最精华的部分展示出来。

熟练使用拍摄工具

如果你打算做小红书的视频笔记，就必须先准备一些拍摄工具，并且熟练使用它们。或许你会说一部手机就够了。但真正要做出高质量的视频，仅仅一部手机或许真不够。下面就介绍一些拍摄视频时会用到的器材。

1. 智能手机

智能手机的影像系统越来越成熟，对视频质量要求不高的人来说，手机足够满足他们的需求。

如果你就想用一部智能手机来拍摄视频，那最好选择各大品牌的旗舰机型，关注手机相机的像素、视频拍摄的帧率、视频的分辨率、防抖性能、存储空间，这些参数越高越好。

2. 微单相机

如果你对视频要求比较高，微单相机是你最好的选择。微单相机作为非常专业的拍摄工具，价格从几千元到几万元，一般价格越高，性能越好。如果预算充足，那么可以选择全画幅的微单相机，这比残幅相机的效果要好。

另外，微单相机是可以更换镜头的，拍摄画质的好坏与镜头有很大的关系，一个机身可以根据不同的拍摄对象更换不同的镜头。选择微单相机的时候，可以综合考虑相机的视频格式、分辨率、感光元件、对焦性能等，选择适合自己的就好。

3. 三脚架、稳定器

通常拍摄视频都是用手持的方式，这样很容易导致视频晃动、不清晰，对此我们可以借助一些稳定工具，比如三脚架和稳定器。

三脚架有手机专用的，也有相机专用的。如果选择用手机拍摄，则可以选购八爪鱼三脚架，它的云台可以伸缩，三只脚可以弯曲，可以放在桌面上，也可以抓在树上，应用的场景很广；如果是微单相机，则需要选择专业的相机三脚架，轻便又稳固的最好。

稳定器是拍摄运动视频的利器。如果你要拍摄一些运动视频，稳定器是必不可少的，它可以很好地保持画面的稳定性。同样地，稳定器也有手机专用和微单专用。

分享笔记

- 虽然大部分智能手机能够满足视频拍摄的需求，但由于手机的电量有限，因此拍摄时间短。如果你的笔记内容全都是视频，那最好用微单相机来拍摄。

学会运镜，提升视频的格调

拍摄视频，除了需要了解拍摄工具及其使用方法，我们还需要学习一些拍摄技巧。拍视频和拍相片存在一定的差异，视频是运动的，拍摄时也需要动起来。因此，学会运镜是拍摄视频的必备技能之一。

所谓“运镜”，简单说就是镜头的运动。拍摄的时候，镜头需要跟着被摄主体移动。运镜的方式有很多种，学会以下五种运镜方式，就可以基本满足小红书笔记的日常拍摄了。

1. 推拉运镜

推拉运镜是视频拍摄最常用的方式，分为推镜头和拉镜头。

推镜头是从较大的场景逐渐推进到局部特写，呈现出由远及近的视觉效果，突出细节。拉镜头则与推镜头相反，先从被摄主体的局部特写开始，逐渐拉远镜头，呈现出被摄主体所在的环境。

这两种运镜方式学习起来并不难，只需要注意在移动的时候保持稳定，不要让画面抖动，推拉的时候根据需要的效果控制好速度。

2. 横移运镜

横移运镜是指镜头跟随在被摄主体的左边或者右边，与被摄主体一同向前或向后移动，主要用于体现被摄主体与空间的关系。比如一个人在向前走时，一侧的相机也跟随着一起向前移动。由于镜头与人之间的距离在移动的过程中保持一致，人物作为前景，视觉都聚焦在人物身上，后面的空间作为远景，空间感超强。

3. 跟随运镜

跟随运镜是指镜头跟随被摄主体前后移动，与横移运镜类似，都是镜头与被摄主体保持同样的距离。比如一个人往前跑，镜头则跟随人物往前跑；或者人物往前跑，镜头在人物前面往后退。需要注意的是，往后退容易摔倒，有一定的难度。

这种运镜方式可以在跑步打卡、旅游打卡时运用。

4. 升降运镜

升降运镜是指镜头向上、下方向移动。比如拍摄高大的建筑物，镜头既可以从下往上移动，展现出建筑物的宏伟；也可以从上往下移动，比如一开始展示晴朗的天空，然后镜头慢慢下降，展示车水马龙的街道。

升降运镜可以有多种变化，既可以是垂直的升降，也可以是斜向的升降。在升降中，还可以借助一些前景来凸显空间的纵深感。

5. 环绕运镜

环绕运镜是指镜头对着被摄主体进行环绕拍摄。这种拍摄方式难度比较大，因为镜头在环绕时要与被摄主体基本保持同样的距离，这就相当于围着一个点，走出一个半径几乎一样的圆圈。采用这种方式拍摄通常要借助稳定器。

分享笔记

- 虽然运镜的方式很多，但小红书笔记视频的时长比较短，所以一个视频没必要应用太多的运镜方式。
- 虽然采用多种运镜方式的效果很炫酷，但也要根据笔记内容选择合适的运镜方式。

后期剪辑，让视频拥有大片既视感

视频后期剪辑可以为视频增光添彩。比如：对于一镜到底的视频，可以在后期配上音乐，添加字幕；而对于多段视频素材，可以按需要将它们剪辑在一起。对拍摄好的视频进行剪辑会让你的笔记更受人喜爱。

图6-5

这里推荐一款好用的免费视频剪辑软件——剪映。

剪映简单易学，有电脑版和手机版。这里我们介绍手机版的操作。具体操作方法如下。

打开剪映软件的界面，如图6-5所示，点击“开始创作”，即可进入素材选择界面，如图6-6所示，可以从“视频”中选择存在手机里的视频，也可以在“素材库”中选择片头、片尾等各种特效片段。

图6-6

选中素材后，点击“添加”，就进入了编辑界面，如图6-7所示，可以看到界面比较简洁。点击右上角的“1080P”，弹出如图6-8所示的界面，可以选择视频的分辨率、帧率及智能HDR（高动态范围图像）。点击“导出”可以将最终剪辑好的视频导出存储到手机里。

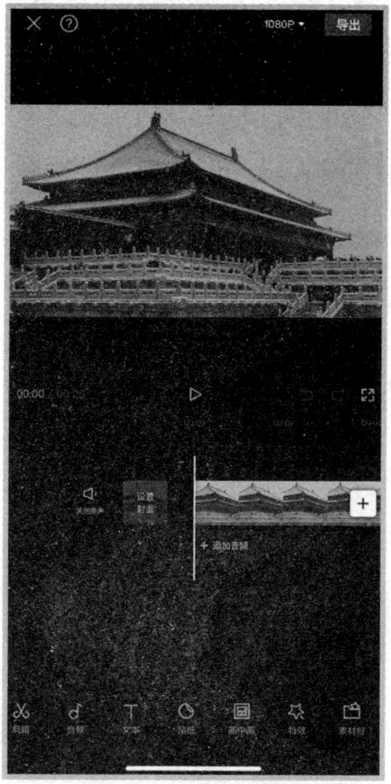

图6-7

中间部分是预览窗口，可以对整个视频进行播放预览。下面是视频轨道和音频轨道。可以对视频的每一帧进行剪辑，还可以关闭原声、设置封面等。

最下面一行是各种功能，包括“分割”“变速”“音量”“动画”“删除”“智能抠像”“滤镜”“调节”“美颜美体”“蒙版”等，这些功能可以让你的视频变得更专业。

图6-8

一般来说，小红书短视频不像专业视频那样要求高，剪辑时最常用的就是“分割”“转场”“滤镜”“字幕”“配乐”等。只要学会了这几个功能，剪辑视频就很轻松。下面，我们通过一个实操视频来演示一下。

1. 分割

“分割”的作用是将一段视频分割成多段。在录制视频的时候，如果某一段画面出现了抖动，或是出现无关的画面，就可以通过“分割”功能，把不想要的那段画面删除。

操作方法为：打开剪映，点击“开始创作”，选择要处理的视频，进入编辑界面后，点击最下面一行的“编辑”，然后拖动视频轨道，将想要分割的地方拖到中间的竖线位置，点击“分割”，一段视频就变成了两段，如图6-9所示。

图6-9

2. 转场

所谓“转场”，就是两段素材之间的切换。使用“转场”可以让视频切换得更顺滑。

操作方法为：导入若干个素材，在视频轨道拖动素材，使两个素材的连接处位于时间线上，如图6-10所示，点击时间线，即可弹出转场的各种效果，如图6-11所示。

图6-10

6-11

转场效果包括基础转场、综艺转场、运镜转场、特效转场、MG（动态图形）转场、幻灯片、遮罩转场，我们可以根据视频的内容来选择合适的转场效果。

3. 滤镜

“滤镜”可以优化视频画面的色彩，营造不同的氛围，可以让视频更加赏心悦目。剪映提供了大量的滤镜效果，我们可以为每段视频选择不同的滤镜效果，也可以为整段视频选择一样的滤镜效果。点击最下面一栏的“滤镜”，即可弹出各种滤镜效果，包括美食、影视级、风景、复古、黑白、胶片等选项，我们可以根据视频的内容选择相应的选项。这里我们以“古都”滤镜为例，可以看到在视频轴下方的“古都”滤镜（如图6-12所示），按住滤镜条可以向左或向右拖动，按住右边的白框，向左拖动可以缩小滤镜的范围，向右拖动可以扩大滤镜的范围。

图6-12

4. 字幕

对于一些解说类的视频笔记，字幕是必需的。即便不是解说类视频，加入字幕，也可以让用户更好地了解视频内容。给视频加字幕，如果是解说类的视频，就可以选择“识别字幕”，软件会根据解说自动生成字幕；如果是没有解说的视频，但配有音乐，就可以选择“识别歌词”，软件会自动识别歌词为字幕，如图6-13所示。另外，也可以选择“文本”里的“新建文本”，直接输入字幕，如图6-14所示。

图6-13

图6-14

此外，通过“字体”可以更改不同的文字字体；通过“样式”可以设置文字的描边、阴影、粗斜体等效果；“花字”“气泡”提供了文字的花边、边框效果；“动画”提供了文字的各种动态效果，包括入场、出场、循环动画。

5. 配乐

配乐，也就是给视频添加音乐。音乐包含歌曲、纯音乐及各种音效。有音乐的视频才有灵魂。剪映提供了大量的音乐素材，我们可以根据内容选择合适的配乐。

操作方法为：点击“音频”，选择“音乐”，弹出“添加音乐”界面，如图6-15所示。

图6-15

进入“添加音乐”界面，此界面上有抖音、卡点、运动、旅行、美食等选项，可以根据视频内容选择合适的音乐。此外，还可以从推荐音乐、收藏、导入音乐中选择。

选择完音乐后，在编辑界面，按住音频轨道往左滑动，可以看到音乐的长度比视频长，这个时候就需要选中音频，在时间轴处进行分割，把多余的配乐部分删除，如图6-16所示，配乐就加入完成了。

图6-16

分享笔记

- 随着短视频的兴起，各种视频剪辑软件也不断发展起来，尤其是手机端剪辑软件的发展，让视频剪辑教程不再晦涩难懂，普通人也能够轻松学会。
- 剪辑视频虽然不难，但最好花一点儿时间系统学习一下某个视频软件的剪辑知识，这有助于制作出更优质的视频作品。

“种草”视频必须突出特性和卖点

小红书上的视频笔记的种类很多，大部分的笔记倾向于记录生活日常，但“种草”视频也非常火爆。视频是非常好的营销利器，它可以让用户更清晰地看到商品的方方面面。

如果想通过视频笔记来营销，要注意以下三个方面。

1. 展示产品的特色

“种草”视频最核心的作用就是展示产品。通过视频清晰地展示产品的特色和卖点，才能让用户产生购买欲望。在制作视频时，可以从产品的外观、使用场景、使用方法、功效等入手，重点描述与其他产品的区别。

2. 挖掘模特的表现力

展示产品需要模特，可以是解说，也可以是试用。在面对镜头时，模特能自如地展示产品，可以大大提升产品的宣传效果。

3. 用6秒吸引用户

短视频有一个“黄金6秒”原则：如果前6秒不能引起用户的兴趣，视频就会被滑走。也就是说，一个视频必须在6秒内让用户点赞、收藏、评论或者转发，否则大概率是失败的。因此，制作视频时必须突出特性，把最具吸引力的话放在前面说。

分享笔记

- 视频文案可以现身说法，即展示用户的反馈，这样可以让用户更加信服。用户对产品的精彩评论就是最好的文案，选择合适、精彩的评论，将其应用到视频文案中，可以提升产品的说服力。
- 使用对比法，可以更好地展示产品的优势。

第七章　掌握运营技巧，做流量明星

小红书的运营包含很多方面，做好内容创作、发布“种草”笔记只是比较基本的操作。要想做好运营，运营者还需要具备宏观思维，并且善于观察、分析，不断优化方向。本章将讲解小红书的推荐机制、合适的笔记发布时间、如何做好关键词排名，以及如何与用户互动等内容，掌握这些可以让你的账号迅速获得流量。

不断进行优化，提升账号的热度

方向在一定程度上决定了账号的热度，想要把小红书做起来，就必须了解小红书的运营逻辑。只有熟悉平台的套路，才能熟练地运营；只有不断进行优化，才能提升账号的热度。

我们知道，小红书平台与其他社区平台是存在差异的。一般来说，小红书的笔记内容是高开放性的，系统可以将内容推送给任何一个感兴趣的用户，是面向全体用户的内容共享平台。

另外，在推送机制上，小红书以个性需求为主，它不同于微博的让用户知道“大家正在看什么”，小红书希望呈现给用户“我想看什么”。

由此可见，小红书社区拥有自己的特性，我们只有了解这些特性，才能更好地运营账号。用心发布的笔记不一定就有流量，如果账号一直没有起色，就必须进行优化。具体做法如下。

1. 明确方向

前面已经详细阐述了如何做好定位，但“定位”这个词并不简单，即便做好了定位，在运营的时候也可能会走偏。另外，也存在起初定位就模棱两可的情况。当账号一直没有流量时，我们就要重新审视账号的方向是否明确。

这一点很重要，方向对了，努力才有用。作为小红书的运营者，我们要相信数据，但不要固执坚持，及时转变才有出路。

2. 设立目标

重新规划方向后，就要设立目标。运营者可以根据方向设立阶段性的目标。比如：第一阶段，发布热度较高的笔记；第二阶段，让笔记获得较多点赞；第三阶段，增加上千粉丝；等等。

通过设立不同阶段的目标，我们可以进一步明确账号方向。

3. 落实目标

有了新目标后，就需要一步步地去落实。比如：想要发布热度较高的笔记，就必须搜索热门话题，从中找到契合自己账号内容的热点去进行创作；想要获得高收藏的笔记，就必须提炼干货，有用的笔记才会被用户收藏；想要增加粉丝，就需要有足够有料的内容，这就要求运营者定时更新笔记，多与用户进行互动；等等。

当然，账号的优化不仅包括方向的优化，还包括内容的优化，这两者都不能忽视。只有方向正确、内容过硬，账号才会有热度。

分享笔记

- 内容的优化包括内容的个性化，就是要直击用户最想了解的话题和最需要的诉求，这样的内容对用户才有巨大的吸引力。
- 及时优化方向，并不是随意更改方向，而且也不宜频繁地更改方向。

了解推荐机制，收获更多流量

有时，我们会发现，一篇精心撰写的笔记发布后，曝光量、浏览量寥寥无几，而同类型的笔记简简单单，却获得了较高的浏览量。为什么会出现这种情况呢？这就涉及小红书的推荐机制。

小红书的推荐机制是“中心化分发”。当你的笔记发布后，小红书平台会根据你设置的标签提取高频词，然后推荐给可能感兴趣的用户。

接下来，小红书平台再根据这些用户对笔记的点赞量、收藏量和评论量等来评判笔记的受欢迎程度。如果第一波推荐得到了较好的反馈，那么笔记会得到第二波更广泛的推荐，从而获得更多的曝光量。如此循环下去，直到用户对笔记产生的行为数据趋于平稳。

从这个推荐机制来看，笔记内容越优质，用户就会越喜欢，笔记成为爆款的概率也就会越大。

一般来说，小红书的流量有以下四个入口。通过这四个入口，你的笔记将被不同的用户看到。

1. 关注

当你被用户关注时，你每次发布的笔记都会被推荐给这些用户。起初，这个入口的流量可能比较小，但当你的粉丝形成一定规模后，这个流量就会变得巨大起来。在小红书首页顶端“关注”里面的笔记是按照发布的时间顺序呈现的，只要是关注你的人，都有很大概率看到你新发布的笔记。

2. 发现

“发现”中展示的是小红书平台根据用户的浏览习惯推荐的用户可能感兴趣的笔记，这个入口比“关注”要广泛得多。你的笔记能否呈现给用户，需要看用户的喜好与你笔记中的关键词是否吻合。笔记中的关键词越多，被推荐的可能性越大。

这个入口的流量，就非常考验笔记的内容。只有那些内容优质、关键词精准的笔记才更容易被推送给感兴趣的用户。

3. 位置

“位置”中展示的是小红书平台向与你同城的用户推荐的笔记，这个入口的流量比前两个小。不过，这里面有各种吃喝玩乐的推荐，积极进行互动，也能增加流量。在笔记中加入地点关键词，可以让你的笔记更大概率地被同城人搜索到。

4. 搜索

对于很多用户来说，他们的需求是明确的，想要在小红书笔记中精确地找到需要的内容，搜索是最快捷的方式。所以，想要提高自己笔记被搜索的概率，精准提炼关键词非常重要。我们可以在笔记的标题、正文、结尾和图片中都带上关键词。

了解了小红书的推荐机制和流量入口，我们可以知道，用心写好笔记才是获得流量的关键，其次才是注意一些运营技巧。

分享笔记

- 刚入驻小红书，在没有粉丝的情况下，可以通过发布优质笔记来赢得平台的推荐。有了平台的推荐，你的粉丝就会越来越多。
- 小红书平台会对优质的笔记进行收录，一旦你的笔记被收录，就会获得大量的搜索流量和曝光量。

找准发布时间，提升笔记的曝光度

在小红书里，用户可以随时随地标记自己的生活，也就是说，在任何时候，只要你想分享，便可以发布笔记。很少有人思考什么时候发布笔记效果最好。

如果只是分享自己的生活，那确实任何时候都可以发布笔记，但对一个想获得更多浏览量和粉丝量的账号运营者来说，这个问题就不得不思考了。

小红书的在线用户量什么时候最多呢？知道这一点，也就知道了笔记的最佳发布时间。

经常发微博、朋友圈的人都知道，工作之外的时间才是人们消遣的时光，所以小红书在线用户量最大的时候也一定是工作外的时间。具体有以下四个时间段。

1. 上班途中

在一、二线城市生活的年轻人，通常早上6:00—9:00这段时间都奔波在上班的路上，大多数上班族的通勤时间都在一个小时左右，大家挤在地铁、公交上，会借刷手机上的各种社交平台打发时间。所以，在这段时间发布笔记，在线的人数多，会大大提升笔记的曝光量。

2. 午休时间

大多数上班族都有一个或一个半小时的午休时间，午饭过后刷刷手机是很多人的习惯。所以在这段时间更新笔记，也可以获得较高的曝光率。

3. 下班途中

通常17:00—19:00是下班时间，大多数人在下班途中与在上班途中一样，刷手机是最好的放松和打发时间的方式。这段时间发布的笔记被用户浏览的概率也较高。

4. 入睡前

熬夜对于都市年轻人来说是家常便饭的事，很多人都喜欢躺在床上刷手机，直到困了想入睡时才放下。21:00—23:00这个时间段的在线人数也比较多，此时发布笔记也可以获得较高的曝光率。

一天当中，在以上四个时间段发布小红书笔记是比较理想的。在线用户多，就意味着流量多。当然，我们可以根据自己的内容选择发布时间，也可以通过对比找到最适合自己笔记发布的理想时间段。

分享笔记

- 想要做爆款笔记，不能只顾埋头写内容，也要研究平台的特点和用户习惯。
- 在前面讲的四个时间段发布笔记时，可以稍微提前一些时间，比如半小时，因为发布的笔记还需要经过审核。
- 每个时间段的笔记的发布效果并不是绝对的，要懂得灵活调整。

做好排名优化，提升笔记的热度

每一个小红书运营者都希望自己的笔记能够排在首页，因为排名越靠前，获得的流量和曝光量就越多。但想获得靠前的排名并不容易。

想要获得较好的排名，我们可以从以下三个方面入手。

1. 确保笔记质量，提升互动量

很多人在运营小红书的初期都会有这样的疑惑：是注重笔记的数量还是注重笔记的质量？对于这个问题，如果不是商家，则建议不要追求数量，多注重笔记的质量才更有可能胜出。

高质量的笔记才能形成高效的互动，互动的热度是提升笔记排名的关键因素之一。互动包括点赞量、收藏量及评论量，这几个指标越高越好。互动量越大，说明用户对笔记的喜爱程度越高，小红书平台就会提升权重，笔记就会获得更好的排名。

如图7-1所示，搜索关键词“读书”，可以看到排在页面靠前的笔记的互动量都是很高的，这些笔记的质量也较高。所以，想要提升笔记的排名，质量是第一位的。

图7-1

2. 重视账号等级，增加权重

小红书账号的等级会根据入驻的时间、发布笔记的数量及互动量逐渐提升。从尿布薯到金冠薯，一共10个等级，等级越高，意味着账号的权重越高。权重越高的账号，发布的笔记被推荐的机会越多。

小红书账号的等级以及对应的要求如下。

1级尿布薯：点赞、收藏、评论各1 次，发布1篇笔记。

2级奶瓶薯：发布1篇笔记获得5个收藏或10个赞，或者发布1篇话题笔记。

3级困困薯：累计发布3篇笔记均获得5个收藏或10个赞，或累计发布3篇话题笔记。

4级泡泡薯：累计发布5篇笔记均获得10个收藏或50个赞，其中1篇为参加话题活动的视频笔记。

5级甜筒薯：累计发布12篇笔记均获得10个收藏或50个赞，其中5篇为参加话题活动的视频笔记。

6级小马薯：累计发布50篇笔记均获得10个收藏或50个赞，其中5篇为参加话题活动的视频笔记。

7级文化薯：累计发布9篇参加话题活动的视频笔记均获得10个收藏或50个赞，或者累计发布100篇笔记均获得10个收藏或 50个赞。

8级铜冠薯：累计发布12篇参加话题活动的视频笔记均获得10个收藏或50个赞，或者累计发布300篇笔记均获得10个收藏或50个赞。

9级银冠薯：累计发布15篇参加话题活动的视频笔记均获得10个收藏或50个赞，或者累计发布500篇笔记均获得10个收藏或50个赞。

10级金冠薯：累计发布18篇参加话题活动的视频笔记均获得10个收藏或50个赞，或者累计发布800篇笔记均获得10个收藏或50个赞。

从不同等级所对应的要求可以看出，发布的笔记和参加话题活动的视频笔记的数量、点赞量和收藏量决定了账号的等级。我们在发布笔记的时候要尽量符合这些要求，因为较快地提升账号等级同样是获得排名的重要途径。

3. 充分展示关键词

小红书作为一个社区电商平台，已经成为很多年轻人“种草”的地方。无论是生活攻略还是购物信息，只要在小红书平台输入关键词就能搜索到想要的答案。如图7-2所示，搜索“口红”就出来293万篇笔记和9万件商品。在如此众多的笔记和商品中，想要获得排名优势，写好关键词非常重要。

怎样在笔记中体现关键词呢？一是在标题中带上精准的关键词，这是最重要的一项；二是内容要围绕关键词写，这样才有针对性和干货；三是在结尾处加上关键词，比如带有关键词的话题标签。做到这三点，笔记的热度就会大大提升。

图7-2

分享笔记

- 记住不要为了高互动量而恶意去刷赞、刷评论。如果没有高质量的内容，就算刷上去了，也容易被封号。
- 在别人的笔记中，真诚地发表评论，也能引起别人对你的关注。

善于互动，增强用户黏性

想要运营好小红书账号，除了做好内容，还要做好互动。没有互动，再好的笔记内容也会沉没。所谓互动，包括笔记的点赞、收藏、评论等，这些内容我们在前面也讲过。

当然，只有正向的互动才能产生良性的循环。很多初次运营小红书账号的人，为了快速提升账号的热度，就找人代刷点赞、评论等，虽然暂时能看到一定的效果，但小红书的算法是强大的，人为刷的点赞和自然的点赞是很容易甄别的。如果长时间这样操作，很容易被系统判定为作弊，进而被限流。一旦限流，也就意味着与爆款无缘了。

那么，应该怎样进行良好的互动呢？可以从以下三点做起。

1. 主动出击，让用户注意到你

与其被动地等着用户来关注自己，不如主动出击。在账号的运营初期，我们可以多活跃在他人的笔记中，多进行点赞和评论，只要用户注意到你了，你被关注的可能性就会非常大。比如，可以在他人各类型的笔记中发表优质评论，这样就会大大提升你的账号被曝光的概率。

2. 及时回应用户的点赞和评论

无论是在他人的笔记中，还是在自己的笔记中，都要及时回应用户的点赞和评论，尤其是在运营初期，笔记的点赞量和评论量都较少，耐心地一一回复，对提升笔记的热度非常重要。即使后期积累到了一定的用户量，对于一些质量高的评论也要尽可能地进行回复，这样一来可以提升笔记的热度，二来可以巩固粉丝。

3. 进行直播互动

进行直播互动有两个好处：一方面，直播是最直接的互动方式，可以与粉丝面对面地进行对话，反馈非常及时；另一方面，直播展现出的真实性是图文笔记难以实现的，可以让粉丝进一步了解你及账号的内容。因此，适合直播的账号可以不定期地进行直播，以增强用户的黏性。

分享笔记

- 直播互动是把双刃剑。直播会让你完全暴露在用户的视野中，如果你没有一定的人格魅力、应变能力，或是缺乏直播技巧，就有可能起到负面的作用。
- 互动必须是正面的，大量地刷点赞、评论对账号的长期运营是不利的。

第八章　快速变现，实现账号的商业价值

运营小红书账号的最终目的是实现变现。本章将讲解小红书的流量变现、商业广告收益、内容付费、直播带货等不同的变现途径。

了解小红书的所有变现途径，选择最适合自己的方式，可以帮助我们实现账号的商业价值。

小红书流量变现的三个关键因素

相信很多人都看到过这样的现象：大街上，某个商店门外围了很多人，或是超市的某个摊位边挤满了人，路过的人都会非常好奇地走上前去，于是人越来越多。人们走近一看才知道在促销。如果是自己需要的且价格实惠，就会购买；如果不是自己需要的，就会离开。

在这个过程中，人们一开始是好奇，接着是衡量自己的需求，最后是做出选择。小红书作为内容电商，其实也遵循这样的原则。

（1）好奇。通过明星“种草”、兴趣标签，将内容精准地推送给用户，引起用户的兴趣。产生兴趣的用户越多，带来的流量转化就越多。

（2）需求。用户看到笔记后，衡量自己的需求。

（3）选择。用户根据需求做出选择：如果是自己真实的需求，就会做出购买行为；如果没有需求，就会选择离开。

因此，想要实现变现，就必须满足这三个因素。

在好奇阶段中，用户还只是处于闲逛的状态，并不一定有兴趣，但只要产生了兴趣，就很有可能会向下一步发展，即符合用户的需求。一旦用户有这样的转变，就意味着购买行为会大概率发生。

这个过程之所以不是绝对的，是因为影响用户购买的因素太多了。

当然，也有例外。比如粉丝经济下的用户和游戏市场中的用户相对更容易产生购买行为，因为这些用户基本属于感性消费，一般相关的商品笔记被推送给他们时，他们有可能跳过好奇、需求阶段，直接进入购买阶段。

我们都希望用户能够感性消费，但这只是一个愿望。实际上，大多数用户都是比较理性的。想要在小红书实现变现，获得流量是第一要素。只有在巨大的流量池里，才有可能出现更多的需求和选择。

分享笔记

- 流量是小红书变现的基石。用心写好笔记，用创意的内容开拓和留住粉丝，变现才能持续进行。
- 优质点评可以让本来对商品感兴趣的用户产生购买意向。

构建KOL矩阵，寻求合作机会

KOL（Key Opinion Leader，关键意见领袖），是指那些拥有更多、更准确的产品信息，且为相关群体所接受或信任，并对该群体的购买行为有较大影响力的人。

从KOL的定义可以看出，成为一个优质的KOL对实现变现是非常有利的。有时候，一个优质的KOL的一句话抵得上普通运营者的十句甚至百句话。想要获得合作机会，实现变现，首先就必须构建自己的KOL矩阵。

1. 打造个人IP

要想成为KOL，就要打造一个个人IP（Intellectual Property，知识产权），给账号一个可以描述的形象，让用户一眼就能看出你是做什么的。

在发布笔记的时候，一定要围绕账号的定位展开，不能今天是旅行日记，明天是美食日记，这样系统很难对你的账号进行定位，账号评分就会很低，成为KOL的机会也就会很渺茫。

总之，打造个人IP，是成为KOL必须具备的基石。

2. 为用户创造价值

想要成为KOL，不仅要有对领域的兴趣，还要有专业知识和优质内容的持续输出。只有为用户创造价值，才能维持KOL的影响力。

一是内容要有灵魂内核，也就是说你的内容得是独一无二的。就好比社区的一家烧饼店，因为太好吃了，社区所有人都来买。时间久了，店主大方地把做法公布出来，然而买的人依旧络绎不绝，这是为什么呢？因为虽然做法一样，但做出来的味道却各不相同。这就是有灵魂的内核。

二是内容要敢于发声。既然是“关键意见领袖”，内容就要有价值，不随波逐流，敢于发声。比如，当领域内发生重大事情的时候，你一定要勇敢地站出来说话，表明自己的立场，发表有价值的意见，不能放弃自己的态度。

做到这两个方面，你才能成为真正的KOL。

3. 要有匠心精神

大多数小红书的运营者不只是为了利益，而是发自内心地热爱，这一点非常重要。发自内心地热爱，才能产生匠心精神。虽然小红书是一个很火爆的平台，但如果运营者缺乏匠心精神，就只能成为局外人。

尤其是想成为一个KOL，更应该具备匠心精神，注重质量，深耕自己所在的领域，给用户提供有价值的内容，这样你才能脱颖而出。

保持匠心精神，一是要坚持分享美好的事物，传递正能量；二是要对内容精益求精，定好主题后要查阅大量资料，写出有干货又容易理解的内容。

成为KOL是大多数运营者的追求。虽然这条路比较艰难，但也必须往这个方向走。离KOL越近，获得的合作机会就越多，实现变现就越容易。

分享笔记

- KOL不能只当传声筒，而要为粉丝发声，每一个观点都要谨慎思考，因为那代表的是用户群体的声音。
- KOL主要以网络红人和名人为主，前者大部分是从普通用户起步的，因此，每个运营者都有成为KOL的可能。只要用心经营，就有实现梦想的可能。

巨大流量带来商业广告收益

小红书有着精准的粉丝定位。一个拥有众多粉丝的账号，意味着其发布的笔记获得的流量也是巨大的。其实，在用户打开小红书，浏览笔记的过程中存在很多的商业环节，广告推广就是其中之一。

只要你的账号有流量，就一定会获得商家的广告合作。通常来说，商业广告收益主要有以下三种方式。

1. 实物收益

很多商家需要把自己的产品推销出去，尤其是新品刚上市的时候，会重点推广。这个时候，商家就会寻找合适的小红书账号来推广。对于一些粉丝量适中的账号，商家会以赠送产品的方式，要求账号运营者写一篇产品试用笔记。

比如，一个分享护肤内容的账号，只要粉丝量够多，各种护肤产品的商家就会纷至沓来，免费赠送护肤产品，要求账号运营者试用他们的产品并发表使用笔记。这些产品也是收益，只不过形式不一样罢了。

另外，如果你的账号粉丝量巨大，商家除了赠送实物外，还可能会付给你一些推广费用。

2. 替换文案变现

小红书的笔记有一个非常好的地方，就是我们可以不断地对已经发布的笔记进行修改。当一篇笔记成为爆款后，我们可以通过更改笔记的文案或图片来进行广告推广。

所以，当你做出了爆款笔记的时候，一些商家就会根据你的笔记类型来匹配自己的产品。通过更改图片或是在内容上加一些推广文案，你就可以获得一些广告费了。

比如，“治愈系书单推荐”这样的笔记成了爆款，那么推荐数量就是一个变量，完全可以从10本变成12本，而这个操作只需要更改一下笔记内容即可，这就给广告推广提供了可能。

3. 直接推广变现

一个拥有巨大流量的账号，商家会直接与其进行广告合作。比如要求账号运营者根据要求撰写一篇图文或视频笔记来宣传商品。通常这样的软广告形式，既符合账号的定位，也能起到推广的作用。直接推广变现有以下两种形式。

一种是从官方渠道接广告。首先，需要申请成为小红书品牌合作人，这样博主就可以和商家直接合作，进行产品试用、好物分享、探店等形式的推广，小红书平台则双向收取一定的费用。

另一种是与商家自行商定合作，推广费用通常是（0.1~1元）×阅读量，也有的是按1000元/万粉报价。

商业广告收益的多少，取决于账号粉丝量的多少。因此，做好内容，吸引更多粉丝，才有更多的广告变现机会。

分享笔记

- 在笔记中融入推广文案，要注意不能太生硬，否则不仅会被平台限流，还容易引起粉丝的反感。
- 粉丝数大于5000就可以申请成为品牌合作人，这样进行广告推广就不会受到限制了。

经营个人IP，让用户为你的内容付费

小红书账号运营的内容，有些本身就具有巨大的价值。比如一些领域的干货知识分享，这些知识不仅专业，而且有着刚性需求。当粉丝积累到一定数量后，就可以开设课程，让用户为你的内容付费。不过，前提是必须先打造有一定影响力的个人IP。个人IP就像品牌一样，能给账号带来商业价值。个人IP影响力越大，商业价值也就越大。

图8-1

如图8-1所示的是一个以分享后期视频剪辑干货知识为主的账号，博主自身有着不错的名气，过硬的专业技能也为

他带来了不错的粉丝数量。他将账号做成了一个知名的IP后，便开设了自己的店铺，直接售卖剪辑课程（如图8-2所示），以此实现变现。

图8-2

其实，类似这样的干货内容很多，比如摄影教程、摄影后期修图、美食制作、软件学习等知识性的分享，都可以通过视频课程的形式进行变现。课程形式可以分为单节课、系列课。

另外，小红书还上线了直播课，由官方号直播薯主推，个人IP只需要申请，通过筛选和审核后即可获得官方的推荐，获得更多的曝光量和流量。

如图8-3所示，在直播薯的主页上，个人IP获得官方的推荐，用户可以直接点开笔记查看直播内容，通过点击链接还能直接进入个人IP主页。这种与官方合作的直播形式，不仅能获得现金奖励，还能获得课程收益。

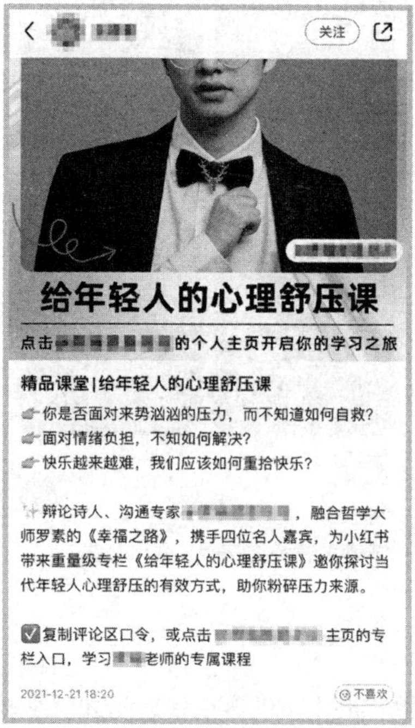

图8-3

小红书直播课可以帮助博主通过优质课程实现变现，同时也能大大提升个人IP的影响力。对于知识性分享的账号来说，直播授课形式也是一种很好的变现途径。

分享笔记

- 要想让用户为你的内容付费，你就必须用心做好内容。只有真正有干货、有深度的内容才能让粉丝买单。
- 个人IP的影响力是知识付费的基础，前期努力打造账号的知名度非常重要。

直播带货是最火爆的变现方式

直播的兴起给电商行业带来了巨大的影响，直播带货成了最火爆的销售方式，小红书也紧随其后成了一个直播阵地。与其他直播平台相比，小红书的直播带货有以下两个特点。

首先，小红书的直播是分享与变现的结合，比较重视信息的分享，而不是单纯的产品营销，直播带货也更加倾向于产品的测试和试用。

其次，小红书的直播没有那么浓烈的营销氛围，不会过分强调让用户买买买，用语上会显得很亲切，像是在和用户说话，常常用“分享”“来看看”这样的词语引导用户关注，不会使用强烈的鼓动性话术。

当然，要想成为一个成功的直播带货博主也并非易事，你必须了解直播过程，掌握一些直播技巧。

1. 开通直播功能

小红书的直播功能是小红书社区向KOL推出的实时互动工具，

在这里你可以进行购物分享、生活分享，以及和粉丝互动。想要进行直播，必须先开通直播功能，一般需要满足三个条件：一是完成实名认证，二是绑定的身份证持有人的年龄必须在18岁以上，三是需要绑定手机号。

如果是商家想要开通直播带货，必须先开通企业号，然后再申请，且需要满足三个条件：一是粉丝数量达到500，二是在过去的28天中有15天登录小红书，三是符合直播带货的类别。目前可以开通直播带货的包括3C电器、生活服务、出行旅游、教育培训、文化传媒、家具建材、工农产品和通信产品等。

2. 做好直播准备

直播是动态的展示，想要达到预期效果，就必须做好充足的准备。主要包括以下几点。

（1）做好策划，包括直播的主题、流程，以及宣传。只有明确主题，才能紧紧抓住直播的要点；只有制订好并熟悉直播的流程，直播才能有条不紊地进行；提前进行宣传是必不可少的环节，包括在小红书平台进行站内预告，在其他平台进行站外宣传，目的都是吸引更多的人观看。

（2）准备直播的内容。直播考验临场发挥、应变的能力，提前准备直播的内容，制定好各种突发情况的应对策略，有助于直播更顺利地进行。直播内容的准备包括确定产品的介绍和展示方式，以及如何挖掘产品的特点等。

（3）搭建一个良好的直播环境。一个良好的直播环境不仅会给用户带来好的感受，而且会显得很专业，进而对用户的购买行为产生积极影响。具体做法包括：直播间需要做到相对隔音；直播的背景装饰最好与产品相关；在灯光设置方面，除了一盏顶灯外，还要准备两盏补光灯，即LED环形灯和一对柔光箱灯，前者放置在主播前方，后者放置在两侧；有条件的话，还可以准备声卡设备和耳麦设备。

3. 掌握直播技巧

直播人人都能做，但要做好并非易事。首先要吸引足够多的人观看，其次要尽可能地提高转化率。因此，主播必须掌握一些专业的直播技巧，这样才能达到直播的目的。

（1）具备一定的表达能力。优秀的主播说话妙趣横生，能让直播间的气氛活跃起来，也能让用户信任其推荐的产品。当然，出色的口才是需要经过不断训练的。主播在直播的时候，要注意表达的连贯与停顿，还要把握好节奏，还可以适当使用一些手势。

（2）掌握一些话术模板。比如：介绍法，即用一些生动形象有画面感的语言介绍产品；赞美法，即用赞美描述用户使用产品后的改变，让用户对产品产生向往；示范法，即一边示范一边描述产品，激发用户的购买欲；限时法，即强调优惠是限时的，提醒用户尽快下单。

（3）转变身份，做好情绪管理。直播是主播通过屏幕与观众进行交流，需要对观众保持亲切感，且直播的时间较长，其间会遇到各种各样的问题，因此，主播的情绪管理也很重要，要一直让直播间的氛围保持活跃。

直播带货是当下非常热门的销售方式，任何小红书账号运营者都值得尝试，因为一旦发掘出这方面的潜力，账号的变现能力就会变得非常巨大，商业价值也会成倍数增长。

分享笔记

- 在直播时设计一些活动福利，比如发放一些小礼品，或搞抽奖活动，能够吸引更多的用户进入直播间。
- 选好直播时间。直播的时间段与前面讲到的笔记发布的时间段差不多，在小红书上线人数最多的时间直播最佳。
- 不时邀请知名度高的嘉宾一同直播，可以增加账号的热度，提升直播的效果。